化粧品を使わない!

水とワセリンで美肌になる

医学博士・セルバン

Hojo Motohar

北條 元治

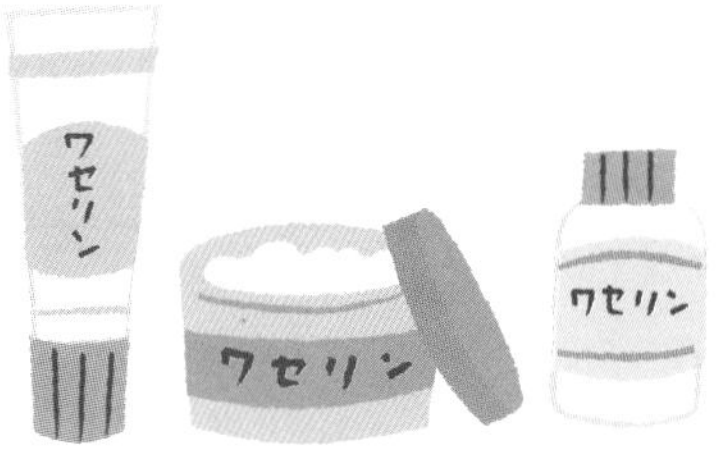

内外出版社

水とワセリンがキレイ肌の秘密！
A子
B子
ブツ！
ツヤ
ツヤ
久しぶり〜
元気だった〜
仕事、忙しいの？
そうなのよ。疲れ気味かなあ〜
ハァ〜
肌の調子もよくなくて…
そうなんだあ〜
毎日、ちゃんとスキンケアしてるのに…
どうしよ〜
どんなケアしてるの？

クレンジングでメイクを落として…
ゴシ
ゴシ
ゴシゴシ洗顔…
美容クリーム…美容液…パックもしっかり
マッサージだって欠かしません！
おやすみなさーい
翌日はメイクばっちり！
でも、これだもんね。
そういえば、B子はどんなケアしてるの？肌キレイだよね。
とってもシンプルだよ。

私のケアはコレ!
水洗顔をしてから
ワセリンを
塗るだけ!
UVケアもして…
野菜やフルーツをしっかりとって内側からのケアも
Vegetables
Fruits
運動もしっかり実践!
ストレスもなし!
シンプルケアおすすめだよ!

いろんなこと
やりすぎちゃってたのかな〜…
がっくり
そんなわけで翌日から…
水洗顔＋ワセリンケアを
スタート！
クレンジング
ゴシゴシ洗顔
パック
美容クリーム
美容液
サヨナラ！
ポイントメイクだけで
ピカピカ
＼やったね！／
A子もB子も健康美肌に！
なぜ水洗顔とワセリンがいいの？
その答えは次ページへ！

バリア肌づくり!

バリア肌の鍵は角質層にあり!

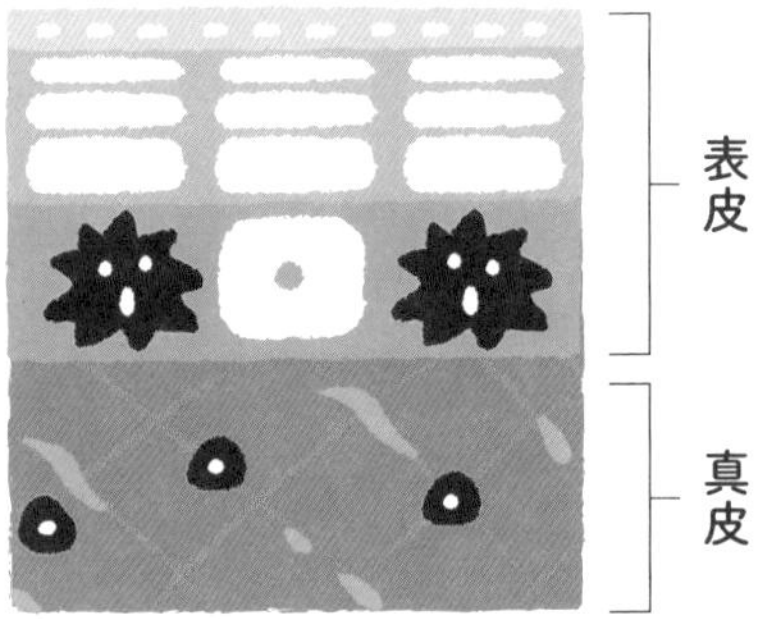

肌は表面から表皮、真皮という構造になっています。肌のみずみずしさや弾力を生み出すのは真皮。スキンケアでできるのは、真皮を守る表皮本来が持つ働きを維持すること。表皮の一番外側にある角質層がきちんと働くバリア肌にすることがスキンケアの目的です。

詳しくは PART3 へ

こんなケアがバリア肌を壊す!

実は、右のようなケアには角質層を壊すリスクが！　角質層が破壊されれば乾燥が進み、真皮がダメージを受けることに。

詳しくは PART1へ

スキンケアの目的は

そもそもバリア肌って?

水分をつかんで離さない本来の働きが保たれた肌

表皮の一番外にある角質層は死んだ細胞からなり、外からの刺激が内部に入るのを防いだり、保湿機能を持っています。

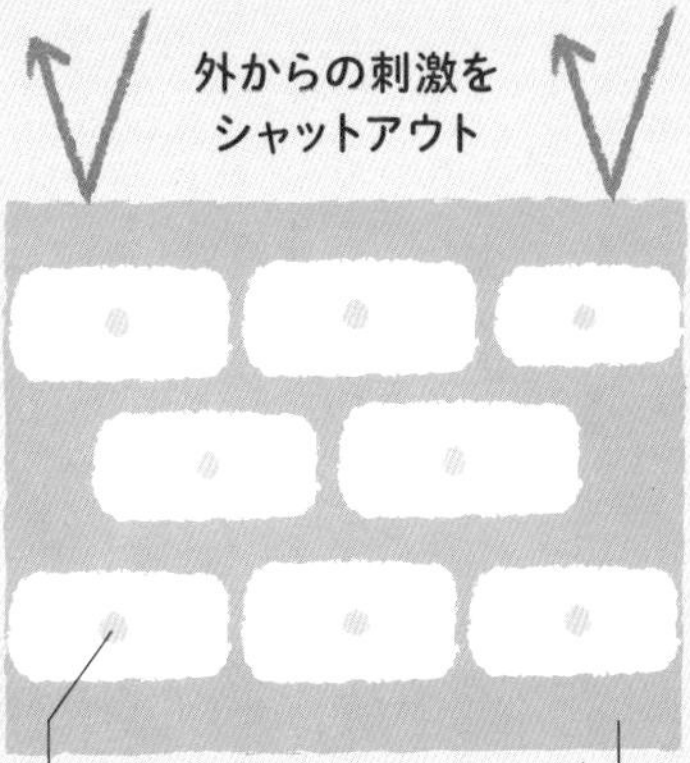

角質層には天然の保湿成分がある!

天然保湿因子

セラミドなどの角質細胞間脂質

角質細胞内の天然保湿因子や、角質細胞間脂質であるセラミドなどが保湿機能の主役。角質層が新陳代謝をすることで、肌自らがこれらの保湿成分を作り出します。

この2ステップのシンプルケアで

バリア肌を回復！

過剰なスキンケアはバリア肌を破壊するだけ。肌本来の働きを取り戻すために、2ステップのシンプルケアを！

STEP 1 水洗顔

肌の汚れや皮脂を徹底的に落とす洗顔は、バリア肌を壊すことになります。水（あるいはぬるま湯）で軽く洗い流すだけで肌は喜びます。

STEP 2 ワセリンを塗る

重要なのは、肌そのものの保湿機能をキープすること。ワセリンを薄く塗ることで、肌が作り出した保湿成分を角質層内にとどめます。

詳しくはPART2へ

CONTENTS

CONTENTS

PART 2

PART 3

知れば正しいケアがわかる！
肌と美肌づくりのサイエンス 59

PART 4

簡単2ステップ
〝水+ワセリン〟はトラブル肌に効く！ 81

CONTENTS

PART 5
内側からのケアで肌力アップ
美肌をつくる生活術　97

PART 1

思い込みには要注意！

そのスキンケアでは肌は壊れる

美肌づくりのスキンケアの常識の多くは間違い！?
思い込みはやめて正しい知識を身に付けたい！

間違ったスキンケアは肌本来の働きを低下させる

正しいスキンケアを知ることからスタート

今、みなさんはどのようなスキンケアをしていますか？　世の中にはさまざまなスキンケア化粧品やスキンケア法があり、一番効果があるのはどれか、そんな情報を求めて一喜一憂しているのでは。

皮膚の専門家として肌のしくみや機能を熟知している私からすれば、疑問に思わざるを得ないスキンケアはたくさんあります。

このパートでは、みなさんもよく知っているスキンケアにフォーカス。当たり前だと思って実践していたスキンケア法が実は間違っていた、あるいは、過剰なケアになってしまい、逆に肌にダメージを与えていたという事実を取り上げています。

間違ったスキンケアを続ければ、巻頭で取り上げたようなバリア肌を手にすることはできません。それどころか、肌本来の働きを奪い、かえって多くの肌トラブルを引き起こしてしまう、このことを知っていただきたいのです。

美肌につながる正しいスキンケアとは何か？　今のスキンケアを見直すことからはじめてみましょう。

○クレンジングは肌の負担に！界面活性剤がうるおいを奪う

✕間違った思い込み

クレンジングは肌の汚れを落とす美肌づくりの基本

セラミドが落とされ肌乾燥が進む

強力な洗浄力を持つクレンジング剤には、界面活性剤が入っています。水と油の両方になじむ性質を持つ界面活性剤は、汚れを落とすだけでなく、実は、肌のバリア機能を担う油分・セラミドも一緒に落としてしまうのです。こうなると肌は砂漠状態に。また、こすりすぎれば、0・02ミリというラップ1枚の厚さしかない薄い角質層を傷つけてしまうのです。

クレンジングでバリア肌は崩壊する

クレンジング剤には界面活性剤が入っています。肌への負担が大きくトラブルの原因に。

界面活性剤による刺激　こすることによる刺激

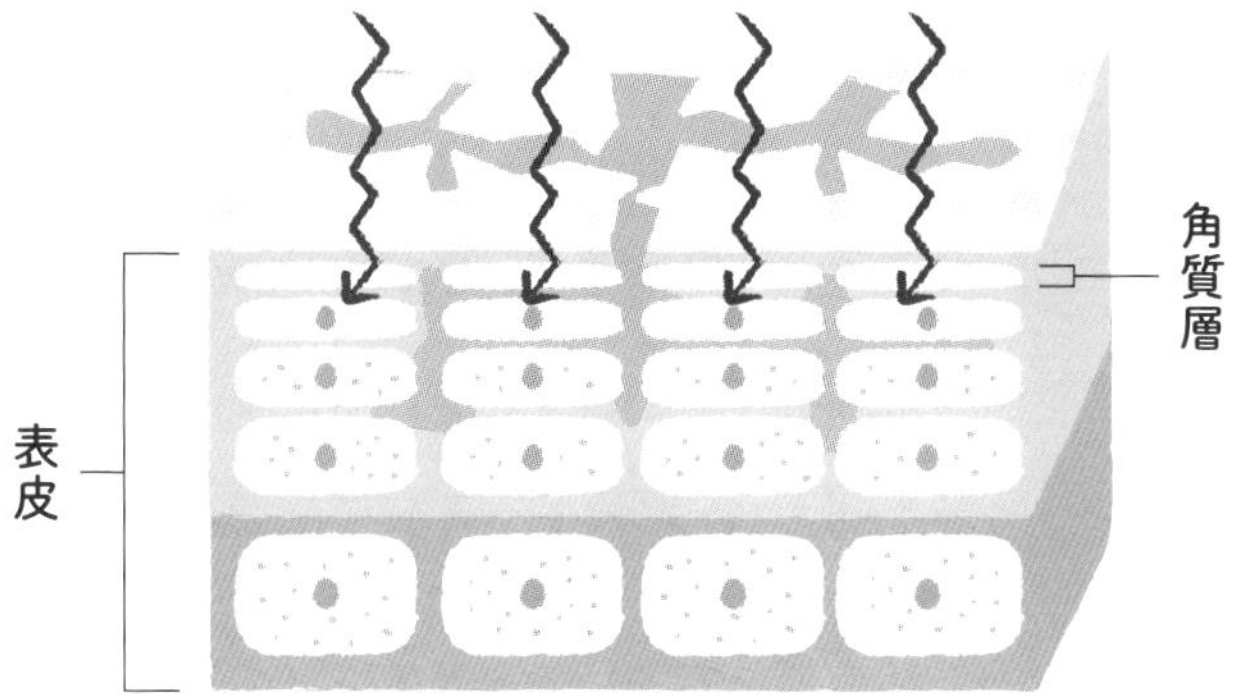

角質層が傷つく

シワ　たるみ　シミ　乾燥肌　くすみ　過剰な皮脂　など

◎化粧水で肌はカサカサ乾燥　角質層がダメージを受ける

✕間違った思い込み

洗顔後には乾燥を防ぐため化粧水はたっぷりつけたほうがいい

化粧水で肌内部の水分が蒸発⁉

洗顔後に乾燥を防ぐために化粧水をたっぷりつける――実はこれも間違い。化粧水には保湿成分が少し入っていますが、ほぼ水分。この水分が曲者《くせもの》です。実は、肌につけた化粧水の水分が蒸発するとき、角質層の細胞がめくれて肌内部の水分が蒸発し、そして乾燥。さらに、肌表面に残った化粧水の保湿成分が粉となり、水分を吸って肌の乾燥を加速します。

化粧水で肌の乾燥が進むワケ

化粧水を塗ると……

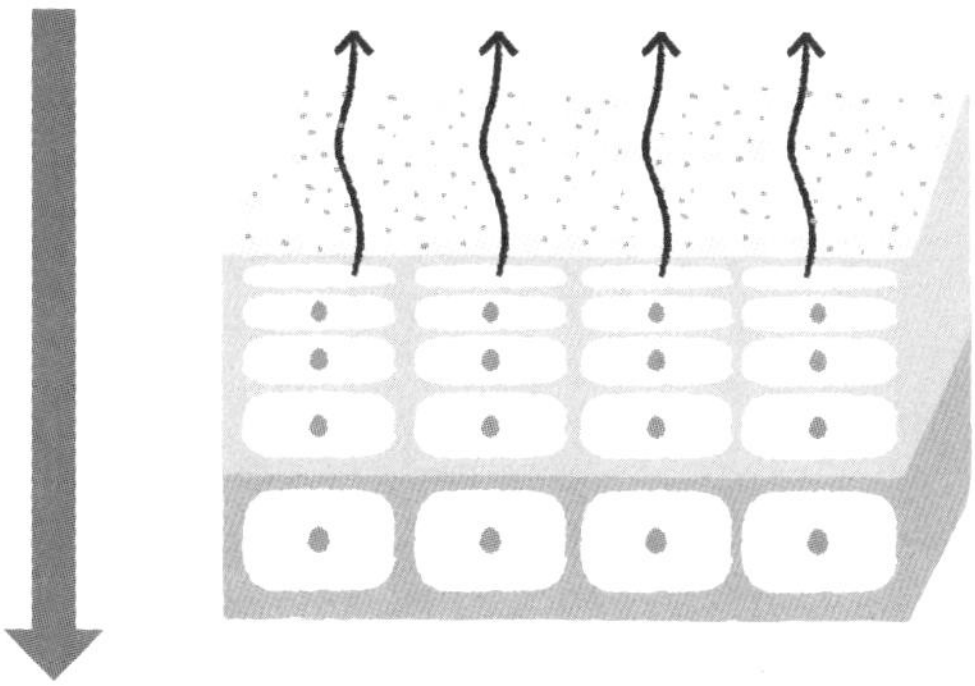

水分が蒸発するときに角質層の細胞がめくれて壊れる

化粧水に含まれるヒアルロン酸などの保湿成分が粉として肌に残り、肌内部の水分を奪います。

その後、乳液などを塗ると……

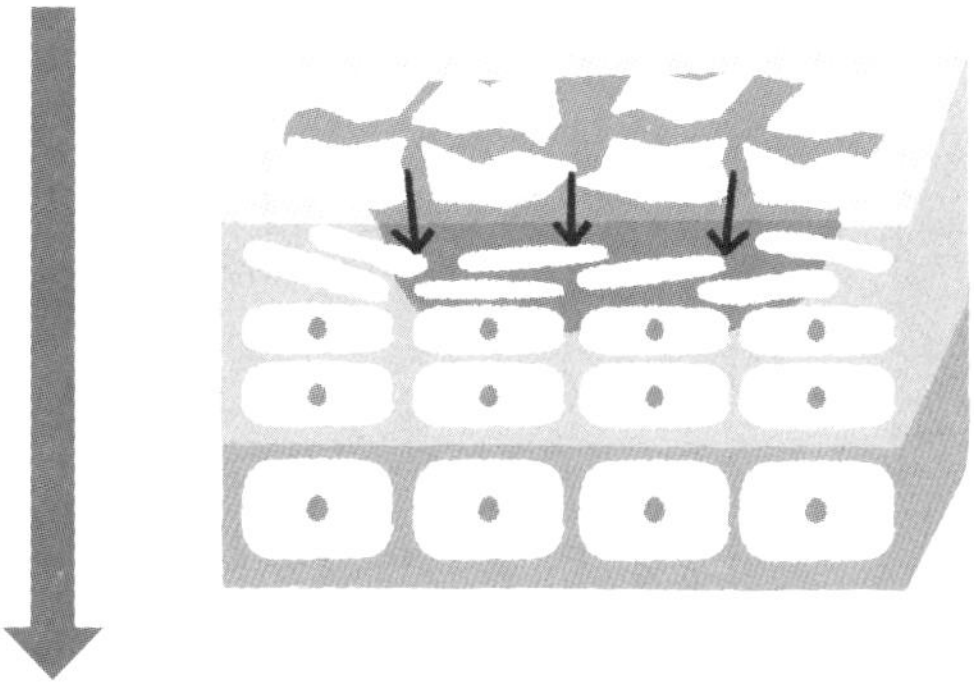

自前の保湿成分を溶かし肌のバリア機能の破壊が進む

乳液などが細胞の隙間に入り込み、保湿成分を溶かしてバリア機能を破壊します。

肌のバリア機能が働かなくなる

○スキンケア化粧品では肌のエイジングケアはできない

×間違った思い込み

シワ、たるみ、ほうれい線などのエイジングケアは化粧品で十分！

化粧品が浸透するのは角質層まで

結論から先にいってしまうと、化粧品にシワやたるみなどを消す効果は期待できません。こうしたエイジングトラブルは真皮の問題ですが、真皮にまで化粧品の作用が及ぶことはないからです。化粧品の作用が及ぶ範囲は表皮の一番外側にある角質層まで。これは薬事法でも決まっていること。スキンケア化粧品に大きな期待を持つのはやめましょう。

クリームに保湿力はなし！肌がうるおいを生み出す

✕間違った思い込み

クリームで肌にふたをして肌にうるおいを閉じこめる

クリームの界面活性剤は角質層にマイナス

クリームなどの油分でふたをすることで肌をうるおわせ、乾燥から守ると思っていませんか。でもそれは違います。実は保湿の主役は肌自身。肌の一番外側にある角質層で作られた保湿成分が膜となり、肌のうるおいを保つからです。クリームは界面活性剤を含むので角質層を傷つけます。角質層を傷つけず守りとおすことが保湿力を強化すると覚えておいて。

◯ コラーゲンは肌から吸収されない

〝弾力肌になる〟はウソ

✕ 間違った思い込み

コラーゲン配合の
化粧品を
つけると
ハリ肌になる

コラーゲンを塗ってもハリ効果はない

ぷるるん肌のもとはコラーゲン。これは正解。コラーゲンは真皮に存在し細胞と細胞をつなぐ接着剤のような役目があり、肌にうるおいやハリをもたらす重要な成分。でも、コラーゲン配合の化粧品をつけても肌のハリは得られません。なぜなら肌からコラーゲンは吸収されないから。コラーゲンは自分の細胞で作られ、それが機能してはじめて肌に弾力をもたらします。

知っておこう！ コラーゲンの科学

コラーゲンが浸透するのは表面の角質層まで

肌のハリや弾力を生むのは真皮。肌に塗ったコラーゲンが、肌の奥の真皮に届くことはありません。

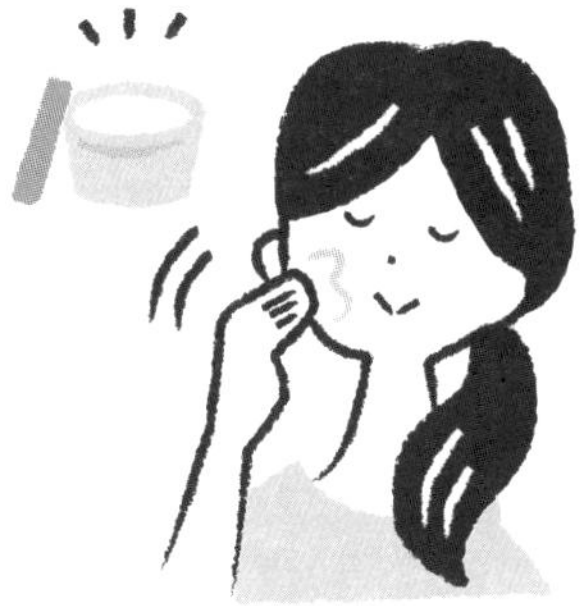

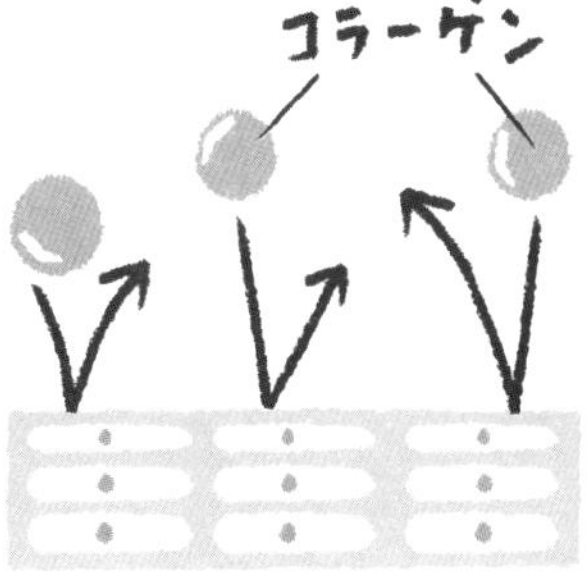

コラーゲン分子は大きく肌を通過しない

肌から吸収できる分子をゴルフボール大とするなら、コラーゲンは東京ドームほどになり、そもそも肌を通過することはできません。

コラーゲン入り食品を摂取しても期待通りの効果はない

摂取したコラーゲンはアミノ酸に分解されます。体内でたんぱく質を合成する材料になりますが、それが肌のコラーゲンになるとは限りません。

◎顔マッサージはたるみ、くすみの原因になる

×間違った思い込み

マッサージや美顔器による顔筋への刺激でリフトアップ

マッサージでハリを保つ組織が壊れる

顔の皮膚は薄くとってもデリケート。わずかな刺激でも反応して炎症を起こしやすいのです。たるみやシワ防止のためと、顔マッサージ器などで刺激することがありますが、これは肌にとっては大きなストレス。強い刺激を与えれば肌の表面は傷つきバリア機能は壊れ、炎症を起こしやすくなります。肌の奥の組織もダメージを受け、くすみ、たるみなどにつながることも。

顔マッサージに関するQ&A

Q.1 マッサージでリフトアップできないの?

A ハリのある肌を保つために働くのが繊維組織。手で押し上げたり、引っ張ったりしても、この組織を壊すリスクが高くなるだけ。効果は期待できません。

Q.2 マッサージローラーも効果なし?

A 血流やリンパの流れがよくなって一時的にむくみがとれる可能性はあります。でも、長時間強い力をかければ肌を支える組織にとってはマイナスです。

Q.3 どんなマッサージも避けたほうがいいの?

A 接触や摩擦はどんな程度であっても肌にとっては刺激となります。こすったりすれば色素沈着して黒くなります。

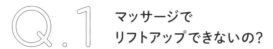

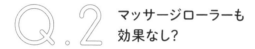

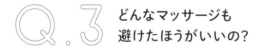

◎美白化粧品で肌は白くならない シミ退治を期待しても×

× 間違った思い込み

美白化粧品で肌の透明感がアップして白くなる

シミを増やさない対策が大切

紫外線によるダメージで起こるシミ（老人性色素斑）は、肌のターンオーバーが正常に行われなくなり、メラニン色素がたまって起こります。メラニンがたまった細胞を除去できればシミは消えますが、美白化粧品にその働きは期待できませんし、肌も白くなりません。美白化粧品はメラニンの生成を抑えるだけです。できたシミを消すことより増やさないケアが肝心。

◯オーガニックにもリスクがある 100%安全ではない

× 間違った思い込み

敏感肌だからこそオーガニックコスメが向いている

オーガニックの認定基準はないので注意

有機栽培で作った植物を主原料にした、オーガニックコスメ。海外とは違い、日本ではその認定基準には統一したものはありません。オーガニック成分を少量配合しただけでもオーガニックとうたっているものも。また、アトピー性皮膚炎など敏感肌の人にとっては配合成分が刺激になってしまうこともあります。オーガニック＝100%安心という思い込みは捨てて。

過剰なピーリングはシミのもとになる

✕ 間違った思い込み

汚い角質がポロポロとれてつるつる美肌に！

間違ったピーリングはシミを作る

ピーリングとは酸のパワーで肌の表面の角質層をやわらかくしてはがすこと。正しく行えば、余分な古い角質がはがれ、肌のターンオーバーを整える働きがあります。しかし、ピーリングのやりすぎは肌のバリア機能を壊し、シミなどのトラブルのもと。果ては、痛みや炎症などにもつながります。これは真皮にまで悪影響を及ぼしている証拠です。

◯ヒアルロン酸入り化粧品は肌の保湿力を高めない

✕ 間違った思い込み

ヒアルロン酸でふっくらうるおい肌になれる！

ヒアルロン酸は肌に水分を与えない

ヒアルロン酸は水分保持力が高いのですが、肌の表面に膜を作ってとどまるだけで、肌の保湿力を高めることはありません。逆に、角質層の構造が崩れていると、ヒアルロン酸の保水力で肌の内部から保湿成分を吸い取って乾燥が加速。そもそもヒアルロン酸は真皮で働くもの。肌に塗っても肌の奥までいかないので、真皮のヒアルロン酸の効果を補うことはありません。

外界と接する部分はすべて上皮組織という表皮もそのひとつ

腸などの内なる外も上皮組織

外界とダイレクトに接している部分を上皮組織と言います。血管や神経などは通っていませんが、細胞同士が強く密着して外敵から生体を守っています。皮膚の表皮は上皮組織です。そして、皮脂腺や汗腺の内膜も上皮です。

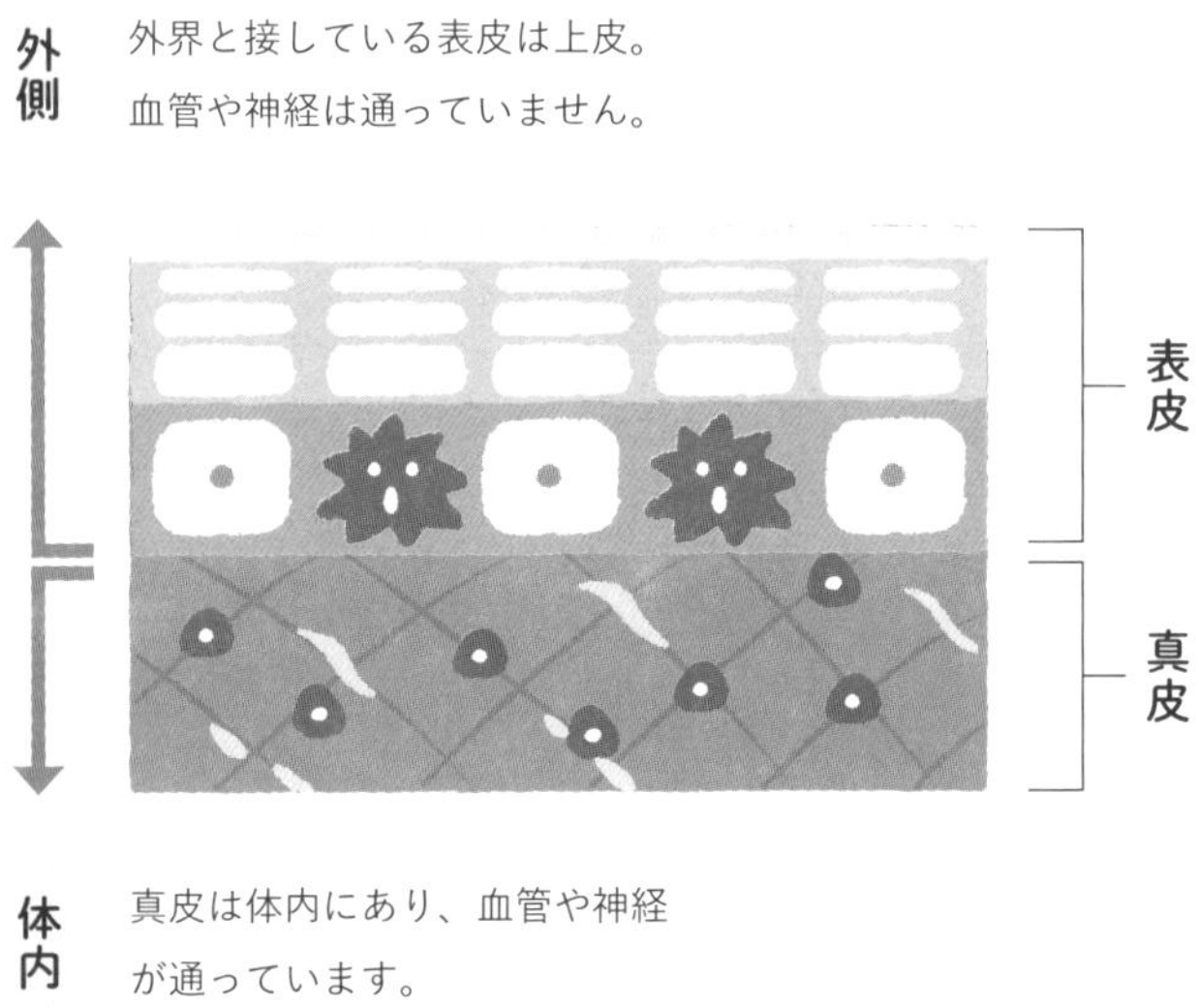
外側
外界と接している表皮は上皮。
血管や神経は通っていません。
表皮
真皮
体内
真皮は体内にあり、血管や神経が通っています。

外界に接しているのは表皮だけではありません。鼻や口の粘膜、角膜、肺胞などの体内の器官内表面を覆うところも上皮で、それぞれバリア機能を発揮して体を守っているのです。見落としがちですが、食道、胃、腸などの消化器も内なる外なのです。

ちなみに、髪の毛や爪は皮膚の仲間で、ターンオーバーが行われています。肌の場合、古い細胞は角質層を作り最後には垢としてはがれ落ちますが、はがれ落ちないで残ったものが爪や髪の毛にあたります。

上皮組織は体のさまざまなところにあります

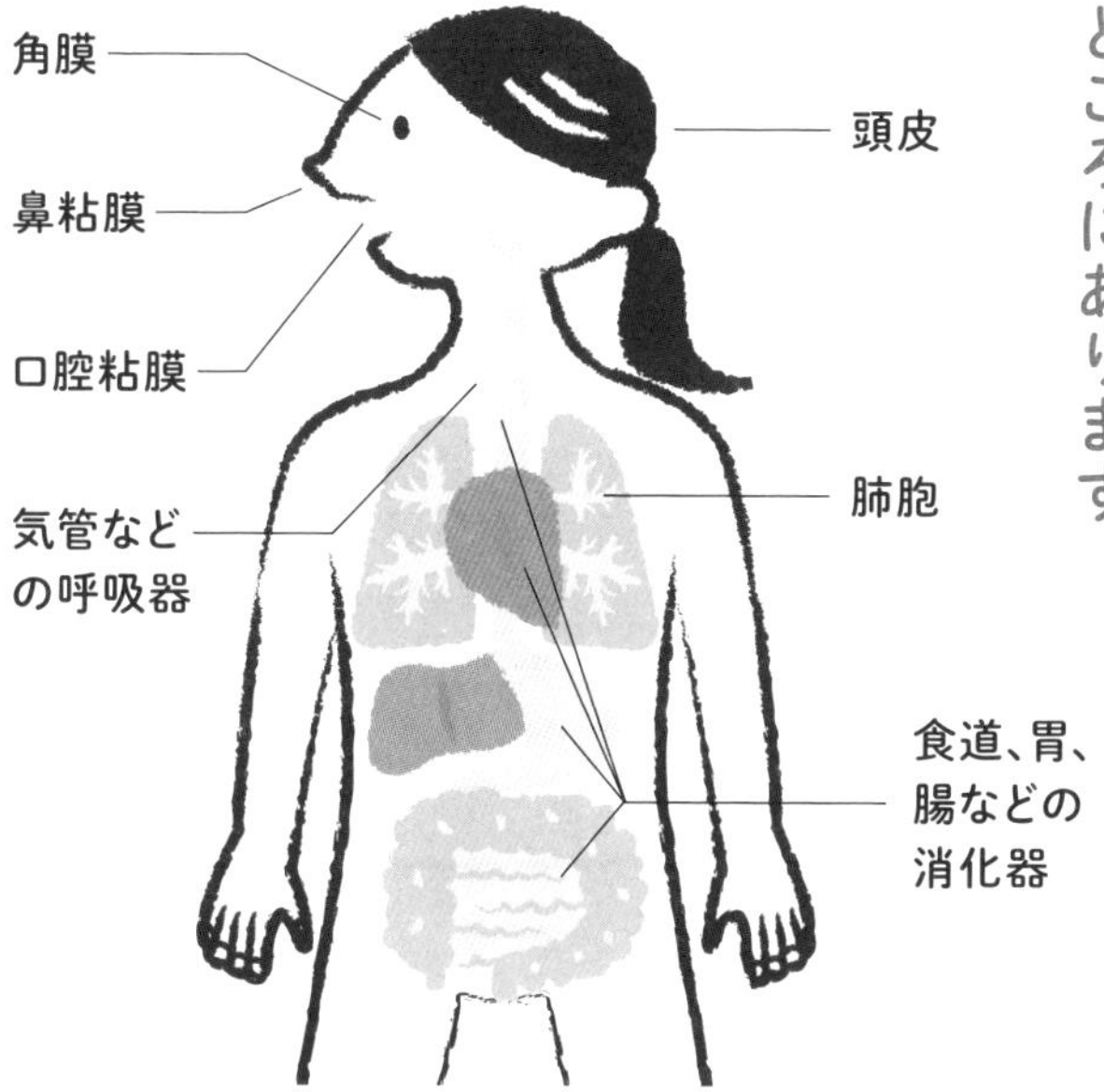

肌の再生医療コラム❶

Q. 美容を目的にした肌の再生医療ってどんな治療なの？

A 減った真皮の肌細胞を増やして、肌の老化現象を改善する治療です

シワ、たるみ、ほうれい線の改善、また、肌のハリを維持したり、クマを薄くするなどの肌質の改善につなげたり——これが肌の再生医療でできることです。

そもそも肌の再生医療は、やけどなどで皮膚を損傷した人に対して、その人自身の皮膚のクローン（培養皮膚）を作り、治療することを目的に進歩してきました。現在は美容目的に活用され、肌の老化現象の改善や老化スピードを遅らせる最新医療として高い関心を集めています。

具体的にはどのような治療が行われるのか？　顔の肌に比べて紫外線の影響が少ない耳の皮膚を採取。それを培養して、肌老化の気になる部分（真皮）に移植します。減ってしまった真皮の肌細胞を増やして、本来肌が持つ力を取り戻すことができるのです。

PART
2

バリア肌を守る!

水とワセリンのシンプルケアのすすめ

肌にとって本当に必要なのは、水とワセリンだけのミニマルなスキンケアでした!

水洗顔+ワセリンのケアで元気な角質層をキープする

家で過ごす週末にチャレンジしてみて

間違ったスキンケアや過剰なスキンケアがどのようなものか理解していただいたところで、では、どんなケアがいいのでしょうか？

皮膚科医でもある私がおすすめするのが、

❶水（あるいはぬるま湯）洗顔

❷ワセリンで保湿

この2ステップによるシンプルスキンケアです。このパートでは、水洗顔の具体的な方法、ワセリンのメリットを取り上げ、現在のケアからどのように変えていけばいいのかも説明しています。

肌にとって本当に必要なスキンケアは何か？　それは肌の保湿の鍵となる角質層を守ることです。それには、水洗顔とワセリンによる保湿で十分です。パート3では肌のしくみや働きを取り上げていますが、肌の科学からみていくと「水洗顔とワセリンによる保湿で十分」と私が申し上げた真意がおわかりいただけると思います。

まずは、メイクをしないで家で過ごす週末だけでもいいので、このシンプルケアにトライしてみてください。

水とワセリンケア❶

洗いすぎは肌バリアを壊す 水洗顔が美肌への近道

汚れは垢と一緒に自然に落ちる

美肌には洗顔が大切とはよく言われることですが、肌の機能を維持するためには、できるだけ触らないほうがいいのです。厚さ0・02ミリの角質層は接触や摩擦で傷つきやすいもの。洗いすぎはおすすめできません。肌には新陳代謝があり、汚れは垢と一緒に自然と落ちるので、水やぬるま湯ですすぐ程度で十分です。

洗いすぎで肌は乾燥する

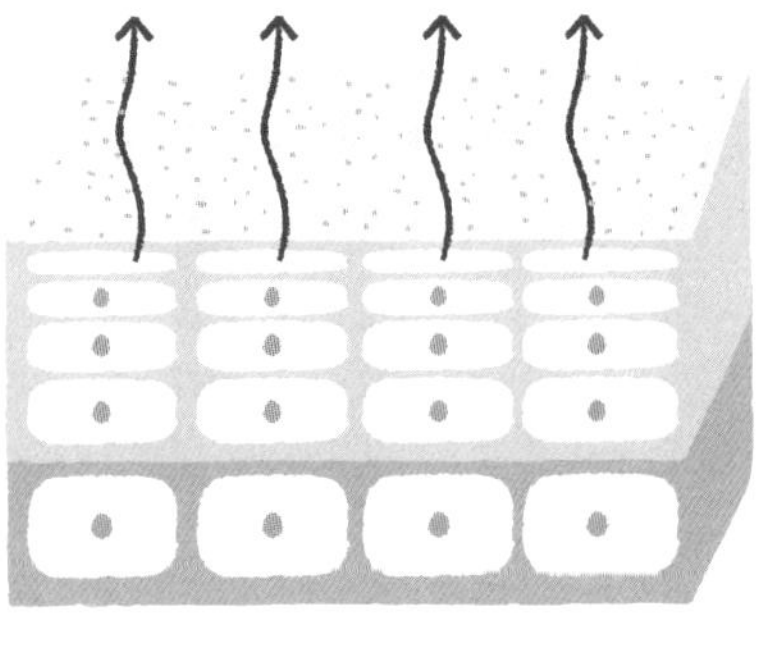

肌への刺激により、角質層は傷つきやすくなり、細胞ははがれやすくなります。すると肌から水分が蒸発。

水洗顔のすすめ

1 水を両手にためる ぬるま湯でもOK

朝の洗顔は水（またはぬるま湯）で汗や皮脂を落とすだけでOK。水を両手にためてスタンバイ。水の温度が高いと肌の天然保湿因子が流れ出てしまいます。

2 手を顔に押し当てたり、緩めたりして動かす

肌をこするようにゴシゴシ洗うのはNG。手を顔に軽く押し当てる→緩めるの動作で、顔全体を水の動きで洗います。

POINT

ちょっとベタつくと感じたときは…

いつもよりベタつく感じがしたり、汚れが気になるときは、指の先で肌をなでるようにやさしく洗い、カスのような垢を洗い落とします。

水とワセリンケア❷

洗顔後、水分はしっかりとるタオルは押し当てるだけ

摩擦が多いほど肌ダメージが大きい

洗顔後に顔を拭くとき、タオルでゴシゴシ水分を拭きとっていませんか？　肌の乾燥を防ぐために水分をしっかり拭きとることは大切です。しかし、こするような拭き方をすると、摩擦でデリケートな角質層を壊すことにもつながります。左ページを参考に、肌にやさしい拭き方を実践してください。

タオル選びも大切！

薄い角質層を守るためにもタオルにも気を配りたいもの。吸水性の高いタオルは肌に当てるだけで水分をとってくれるので、肌へのダメージを最小限にしてくれます。使い込んだタオルほど吸水力が高いので、新品を使うときは一度洗ってからにしましょう。

肌にやさしい拭き方

OKな拭き方

タオルを5秒ほど押し当てるようにして、水分を吸い取ります。髪の毛の生え際の水分も残さないように。肌に水分が残ると、蒸発するときに肌の内部の水分も奪いとってしまうので注意して。

NGな拭き方

角質層は傷つきやすいので、ゴシゴシ拭くような強い摩擦は×。はがれた角質層はすぐには修復されません。乾燥が進み、真皮にもダメージを与えることに。

〔水とワセリンケア③〕

ワセリンはナチュラル素材 肌に浸透せず、肌を守る

ワセリンで肌のバリア機能を強化

バリア肌を守るために、洗顔後に使いたいのがワセリンです。ワセリンの一番の特徴は保湿力。一般的に化粧品などでいわれる保湿とは、角質層の保湿力をアップさせたり、減少した水分を補給するという意味。ワセリンの保湿力はそれとは異なり、肌にふたをして、肌の水分蒸発を防ぐという意味です。

昔から病院で処方されたり化粧品の基材として使われるなど、さまざまな場面で活用されているワセリンですが、何からできているか知っていますか？　答えは石油。ぎょっとするかもしれませんが、石油は動物や植物などが土の中で長い年月をかけて変化していった天然のもの。それを工業などで使えるように精製して作られたものなので安心です。

ワセリンのメリット

劣化しにくい

空気に触れても酸化しにくく、劣化も遅い。劣化した成分は肌トラブルのもとになるがその心配は少ない。

雑菌を侵入させにくい

肌にラップのようにふたをすることで肌をプロテクト。雑菌などが侵入しにくくなります。

安心・安全

成分は天然素材。ほかの化粧品などと一緒に使っても化学反応を起こしにくいので、安心して使えます。ワセリンの成分は副作用の症状が少なく、医薬品としての安定性も高いとされています。

保湿力

肌を覆って、表皮の水分を逃がしません。肌の保湿機能を守ります。

※ワセリンは、脂性肌やニキビなどがある場合、肌に合わないことがあります。その場合は使用を中止してください。

水とワセリンケア④

純度の高い白色ワセリンをチョイス 少量を押さえるように塗る

白色ワセリンなら低価格でコスパもいい

ワセリンは精製の度合いによっていくつかの種類がありますが、スキンケアにおすすめなのが日本薬局方の白色ワセリン。純度も高く、医療機関でも使われています。白色ワセリンなら価格もリーズナブル、コスパもいいのでおすすめです。使うときに気を付けたいのは、米粒大の量を使い、つけすぎないこと。

不純物の少ないものを選択

日本薬局方とは、国が定めた医薬品の規格基準書で、安心して使用できます。不純物が多いと紫外線で酸化してしまうので、できるだけ不純物が少ないものをチョイスして。

ワセリンの使い方

1 米粒大の量を綿棒やスパチュラでとる

ワセリンはつけすぎるとかえって肌を乾燥させるので少量でOK。手で触ると雑菌などが繁殖するので、綿棒やスパチュラを使います。

2 一度手にとりなじませてから顔へ

ワセリンは直接顔に塗ってはだめ。一度手のひらにとってこすり合わせ、体温で少しやわらかくしてから。手の甲に指でなじませてもOK。

3 やさしく押さえ塗りが基本こすると肌ダメージに

手のひらをそっと顔に当て押さえるようにやさしく塗ります。ワセリンは伸びが悪いので、塗り伸ばそうとすると肌に負担がかかるのでNG。

水とワセリンケア⑤

カサカサ唇にもワセリンは有効 寝る前に少量塗ってケア

唇には皮脂腺や汗腺がないので乾燥する

ワセリンはカサカサ唇対策にも有効です。唇も肌と同じ表皮と真皮がありますが、皮膚のように皮脂腺や汗腺がありません。つまり肌のように皮脂膜を自分で作り出すことができないため、保護しないと乾燥やひび割れを起こしてしまうというわけです。乾いたらこまめに塗り、寝る前にも塗ることでしっとり唇をキープ。

唇の乾燥を進めてしまう原因

- 冬場やエアコン等で乾燥した空気
- 口紅やリップクリームを落とすときにこすりすぎている
- 唇をなめるクセで水分の蒸発や摩擦を起こす
- 紫外線の影響

カサカサ唇ケアもワセリンで！

リップメイク前の下地としてワセリンを塗って唇の荒れを予防！

米粒大のワセリンを唇に塗ってカバーすることで、口紅などに含まれる界面活性剤から唇を守ります。落ちにくい口紅は、ワセリンを厚めにのせてティッシュで拭きとってもOK。

POINT

ワセリンは手の甲に少量のせ、指でなじませてやわらかくなってから唇に塗りましょう。唇の縦のラインに沿って塗ってください。リップクリームタイプのワセリンもあります。

知っておいて

口紅、リップグロス、リップペンシルともに、界面活性剤などが含まれ、乾燥などのダメージにつながる可能性も。

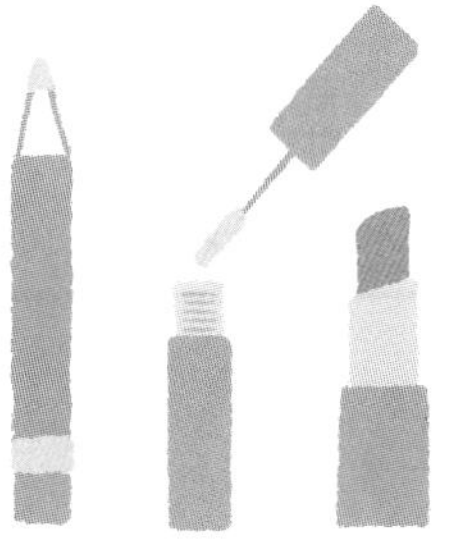

現在のケアから〝水+ワセリン〟ケアへ ひとつずつ肌ダメージを減らして

界面活性剤入り化粧品から変えていく

朝はファンデーションをつけてばっちりメイク、夜にはクレンジングでしっかりメイク落とし、美容液やパックは必須……こうした現在のスキンケアから、水+ワセリンの2ステップケアに変えるのは簡単ではないかもしれません。一度に変えるのは抵抗があると思うので、少しずつ変えていっていただきたいのです。

基本的な考え方は、肌に大きな負担をかけているものからひとつずつ取り除いていくこと（48ページ参照）。ファンデーションやそれを落とすために使うクレンジング剤は界面活性剤などが入っており、角質層に大きなダメージを与えていることを知ってください。日焼け止めも同様ですが、肌の本体である真皮を守るためには、上手に使いたいので、低刺激のものに替えていきましょう。

肌ダメージを極力ゼロに近づけるための理想形はノーファンデでノーメイク。でも、現実的なところでのノーファンデでポイントメイクを目指したいもの。

このケアを継続して実践していくことで、肌は変わっていきます。

から変えていきましょう

クレンジング剤 ⬇ 洗顔料に替える

メイクを落とすクレンジング剤には界面活性剤が含まれ、角質層へのダメージは少なくありません。刺激の少ない洗顔料に。

リキッドファンデ ⬇ パウダーファンデに替える

リキッドファンデよりも肌への刺激が少ないパウダーファンデ（もしくは粉おしろい）へ。最終的にはこれもやめポイントメイクのみに。

洗顔料の使用 ⬇ 水洗顔にする

まずは朝の洗顔を、洗顔料による洗顔から水（またはぬるま湯）だけの洗顔に変えて。皮脂や汚れは十分に落ちます。

クリーム・乳液 ⬇ ワセリンに替える

クリームや乳液には界面活性剤が入っています。肌の保湿として使うなら、肌に浸透しないワセリンで十分。

肌に負担の大きいケア

日焼け止め ↓ 低刺激のものに替える

紫外線対策としては必要な日焼け止めですが、刺激の少ないものをチョイスします。

日焼け止めの常用 ↓ 15分以内の日差しには使わない

ちょっと外出するたびに日焼け止めを塗る必要はありません。日焼け止めの常用を見直すことは肌への負担を減らすことに。

化粧水の使用 ↓ 使わない

化粧水を塗って得られるのは清涼感のみ。肌の保湿力が高まったり、肌がうるおうことはないので必要ありません。

クレンジング剤を洗顔料に替える

洗顔料は高価なものでなくてOK。

クレンジング剤には強力な界面活性剤が含まれています。

界面活性剤が肌を壊す　肌にやさしい洗顔料に

スキンケアの中で一番肌ダメージが大きいとされるのがメイク落とし。界面活性剤が入ったクレンジング剤を使い、ゴシゴシ拭き取る——こうした入念なクレンジングが、肌のバリア機能を壊し、天然保湿因子を奪っていることを知ってください。ではどうするか？　多少汚れが落ちなくても、肌が突っ張らない洗顔料に変えましょう。

リキッドファンデーションからパウダーファンデーションに替える

肌に負担が少なく、洗顔で簡単に落とすことができます。

界面活性剤、油分、防腐剤などが含まれます。

肌への刺激が強いものから弱いものへと替える

崩れにくいからとリキッドファンデーションを愛用している人も。実は、この崩れにくさが曲者。ファンデーションに含まれる界面活性剤がバリア機能を壊して、表皮中に付着することでこれが可能に。理想はノーメイクですが、まずはリキッドファンデからケーキ型ファンデを薄く塗ったり、パウダーファンデーションや粉おしろいに替えて。

洗顔料をやめて水洗顔にする

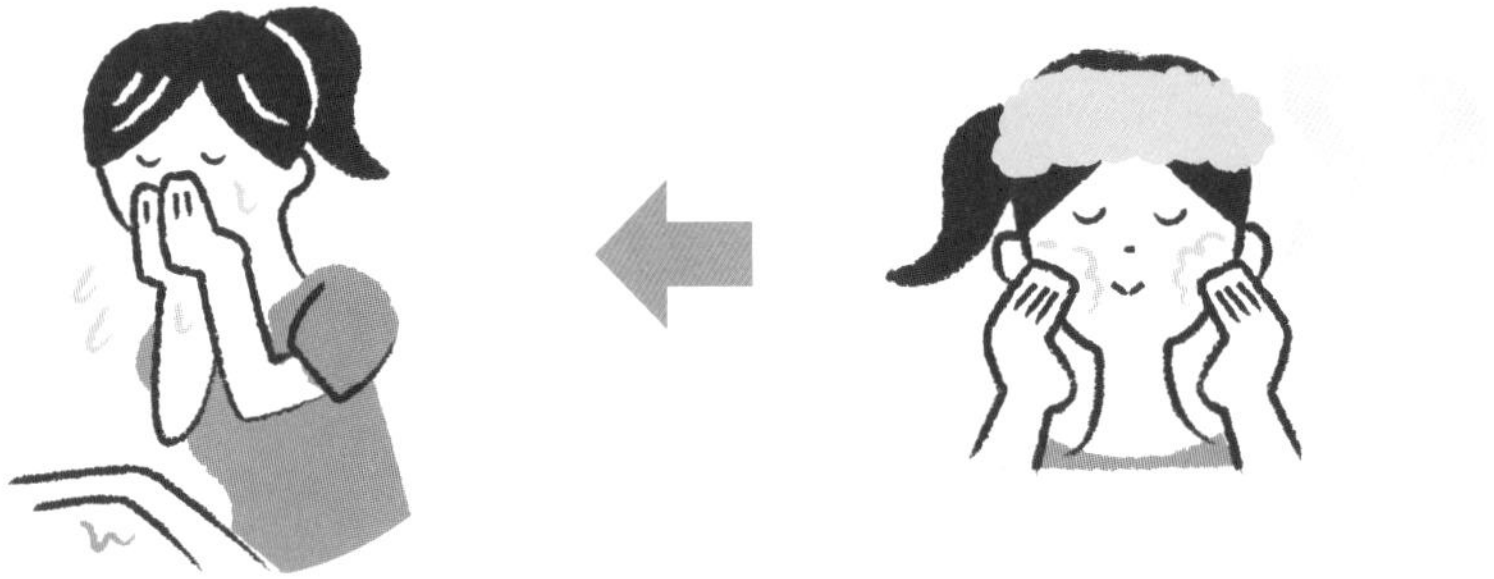

洗顔料はメイクやパウダーファンデをつけた日だけに。

こすらず押し当てて洗います。P37を参考にしてください。

皮脂を落とすだけなら水洗顔だけで十分

汚れや皮脂をすべて取り除くような過剰な洗顔は肌にとってはマイナスです。多少の汚れは、肌のターンオーバーではがれ落ちてしまうもの。朝の洗顔は、洗顔料を使った洗顔から水洗顔（33℃以下のぬるま湯でもＯＫ）に切り替えて。ノーファンデやノーメイクのときは夜も水洗顔にすると、徐々に肌本来の力がよみがえり健康な肌になります。

クリーム・乳液から ワセリンに替える

白色ワセリンでしっかりケア。使うときは米粒大の量で十分。

肌がしっかり皮脂を分泌すれば、使用の必要はありません。

油分の補給は必要なし！ ワセリンで乾燥を防ぐ

乳液やクリームを使う目的は油分の補給です。皮脂の分泌量があれば油分の補給は必要ないといえるでしょう。また、乳液やクリームにも界面活性剤が含まれており、肌のバリア機能にダメージを与えます。そこでワセリンの登場です。肌に薄くはりつき、皮脂の役目を果たします。乾燥しがちな目元、口元のケアにもなります。

日焼け止めは低刺激のものに替える

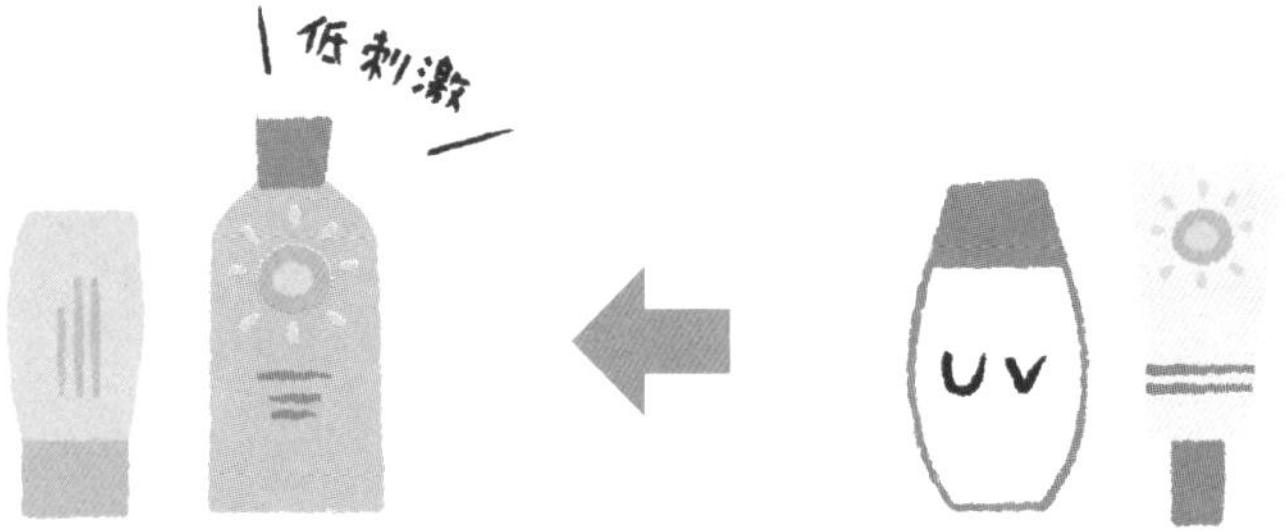

ワセリンベースの日焼け止めは低刺激です。

「SPF」「PA」の値が高いものは肌への強い刺激に。

日焼け止めは肌へのダメージを考えて選択

紫外線対策は肌老化を防ぐために重要です。問題は対策の内容です。日焼け止めには界面活性剤、防腐剤などが入っており肌にとっては強い刺激に。ブツブツができたり、ひどい乾燥に悩まされてしまうことも。日焼け止めは低刺激のもの、紫外線を皮膚の表面で跳ね返す作用がある紫外線反射剤の入ったものにしましょう。

15分以内の日差しでは日焼け止めを使わない

短時間の外出なら、日傘、帽子、スカーフなどで対策を。

こまめに日焼け止めを塗るのは、肌ダメージを増やします。

日焼け止めは利用時間の短縮を目指す

肌ダメージを抑えるために、日焼け止めを塗る時間はできるだけ短くしたいもの。日に当たるのが1日15分以内なら、日焼け止めは必要ありません。健康維持のためにはその程度は必要だからです。それを超える場合は、帽子、日傘などで対策を。ただし、屋外で長時間スポーツをしたり、真夏の日中に外出するときは日焼け止めは使用して。

化粧水はやめて ワセリンですます

米粒大のワセリンを塗れば、
乾燥対策になります。

化粧水の大半は水分で、保湿
効果は期待できません。

化粧水で肌は乾燥!?
保湿効果は期待できない

化粧水には界面活性剤や油分も含まれていないので、肌ダメージは少ないといえます。とはいえ、大半は水分でできており、化粧水が蒸発するときに肌内部の水分を奪ってしまいます。化粧水をつけても保湿効果は期待できないと覚えておきましょう。

化粧水はスキンケアに不可欠なものではありません。乾燥を防ぐにはワセリンで十分。

ファンデーションはやめて ポイントメイクだけにする

刺激の弱いパウダーファンデも、肌にとってはマイナス。

ポイントメイクなら水で湿らせた綿棒で落とせます。

アイメイクと口紅で肌ダメージを最小限に

健康肌を作るには、パウダーファンデーションもやめてノーメイクが理想です。とはいえ、美しくありたい！　と思う女性たちにとってそれはあまり現実的ではありません。そこでおすすめしたいのが、アイメイクや口紅などのポイントメイクです。ファンデーションに比べてつける部分が少ないので、肌への負担も最小限に抑えられます。

肌の再生医療コラム❷

Q. 肌の再生医療でなぜ肌老化を改善できるの?

A 自分自身の元気な肌細胞が組織を修復し、肌機能そのものが若返るからです

そもそも肌のハリや弾力は、真皮の肌細胞（真皮線維芽細胞）が作り出すコラーゲン、ヒアルロン酸、エラスチンといった成分が支えています。その真皮の肌細胞が減って、コラーゲンなどの成分を作り出す機能が低下した状態が老化なのです。真皮がもろくなれば、シワ、たるみなどにつながるというわけ。

そこに自分の肌細胞を大量に移植すると——コラーゲンやヒアルロン酸を作り出す肌本来の力が戻り、弱くなった肌が修復されます。つまり、肌細胞を移植することで、目に見える形となって肌にハリを取り戻すなど、老化現象の改善につながるのです。

PART 3

知れば正しいケアがわかる!

肌と美肌づくりのサイエンス

肌のしくみや働きは?　スキンケアの目的は?

美肌を作り、守るために知っておきたい肌の科学。

皮膚は体を守る最大の臓器
体の保護、体温調節などの働きがある

肌の機能を知って適切なスキンケアにつなげる

水洗顔とワセリンだけのミニマルケアでなぜ美肌を取り戻せるのか？　このパートを読めばその理由を深く理解することができます。心臓や内臓、骨や筋肉と同じように、皮膚も体を覆う臓器のひとつ。体重の約16％を占める人体で最大の臓器なのです。正しいスキンケアの実践のためには、肌の働きを理解しましょう。

皮膚のおもな働き

外部の刺激から体を守る

皮膚には物理的・化学的な作用に対する保護作用があり、細菌の繁殖を抑制。また、外力に対してクッションの役目をします。

汗をかいて体温を調節

皮膚には体温を一定に保つ働きがあります。暑いときは汗を出して体温を下げ、寒いときは筋肉を働かせて体温の発散を防ぎます。

冷たい、熱いなどの感覚器として働く

暑い、寒いといった温度覚、痛みなどの痛覚、触覚といった外からの刺激を脳に伝える役目があります。

肌サイエンス 1

皮膚は2層からなり、各層には役目がある

スキンケアに関わるのは表皮と真皮

皮膚は大きく分けると、表皮と真皮の2層構造(下図参照)になっています。真皮の下には皮下組織があり、それぞれ重要な役目を担っています。スキンケアのメインステージが表皮と真皮です。表皮は、肌のうるおいを保ち、真皮は肌の弾力やハリを保って肌の土台を築いています。この2つは互いに連携しあっており、表皮の働きが悪いと真皮がダメージを受け、真皮にダメージが及ぶと健やかな表皮は育まれません。

皮膚は2層構造

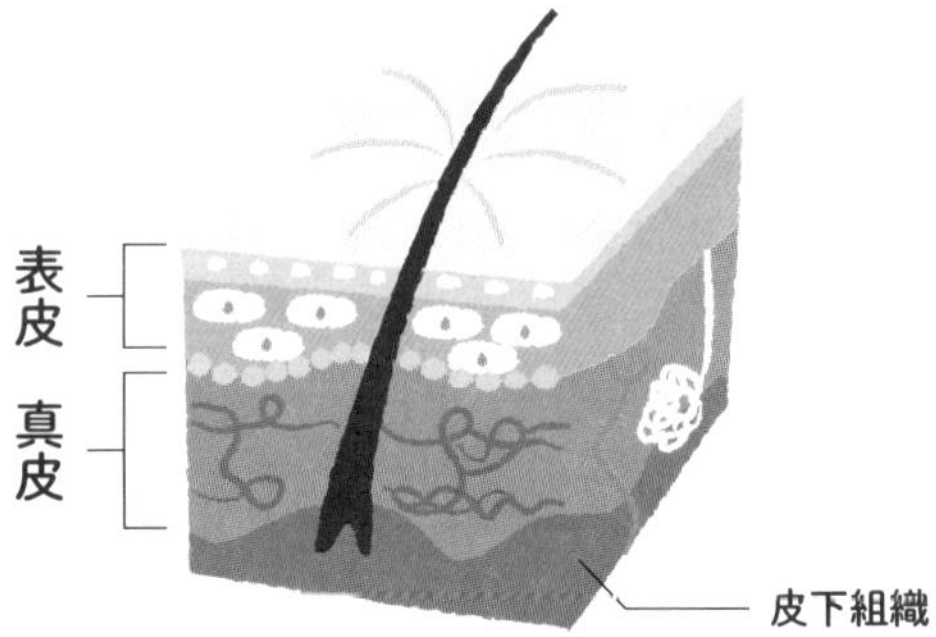

皮下組織は外部刺激が加わったときに、その衝撃を和らげるクッションの役目があります。

2つの層が肌を守っている

表皮の役目

表皮の厚さは、およそ0.2ミリです。肌の水分を保持したり、外部から異物が侵入するのを防ぐバリア機能があります。一番外側にある角質層は死んだ細胞の集まり。角質層より下の表皮（顆粒層、有棘層《ゆうきょくそう》、基底層）で肌の細胞が生まれ、肌の新陳代謝が行われています。

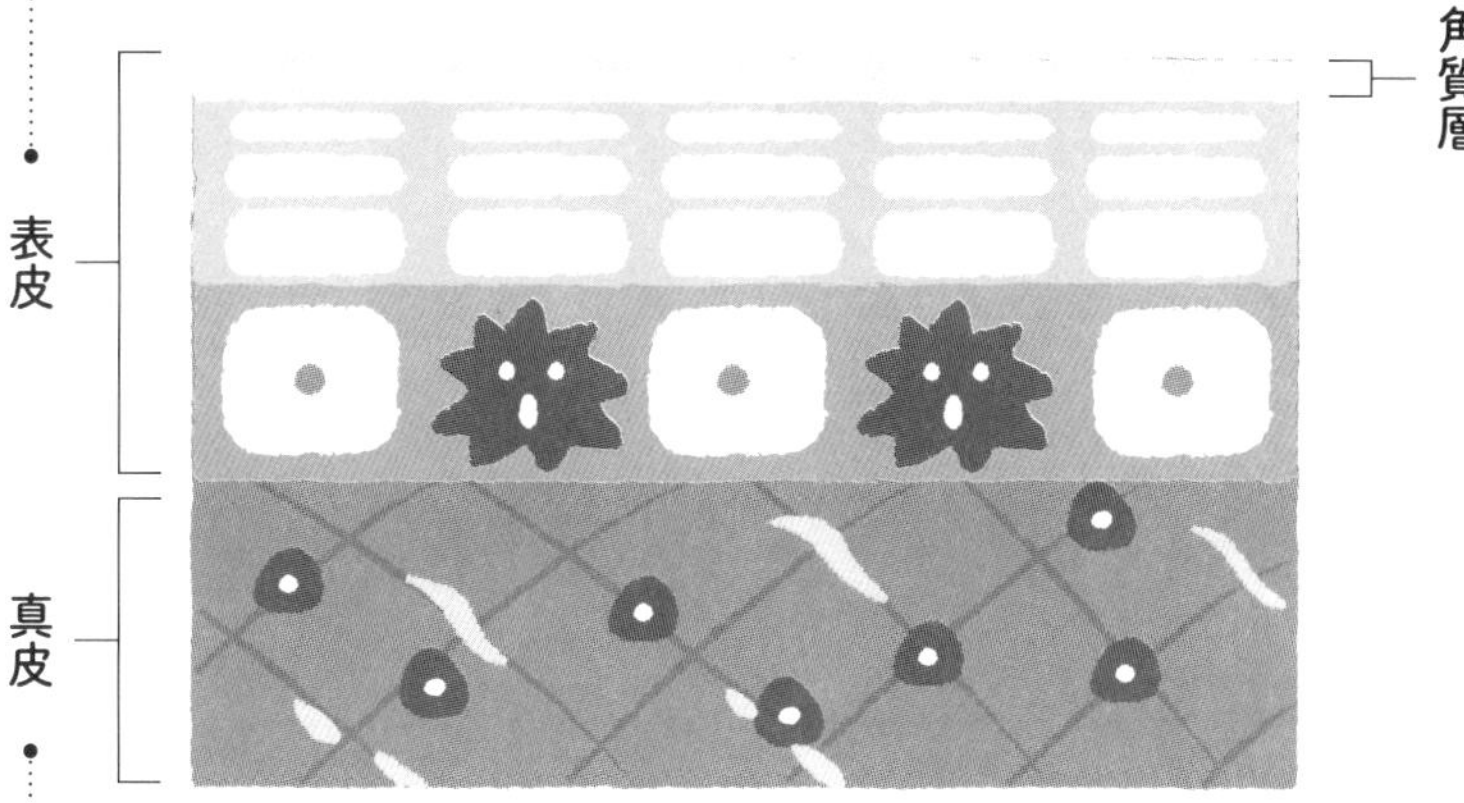

真皮の役目

真皮は皮膚の本体で、厚さは2～3ミリ。肌の弾力やハリを保つ役目があります。真皮には血管が通っており、酸素や栄養素を肌のすみずみに届けます。真皮には線維芽細胞があり、コラーゲン、エラスチン、ヒアルロン酸といった成分を作り出しています。

肌サイエンス 2

表皮と真皮が機能するのが美肌の条件

健康的な表皮が真皮を守る

美しい肌とは、表皮と真皮の役目がしっかり果たされている肌のことです。

美肌の条件とは

バリア機能

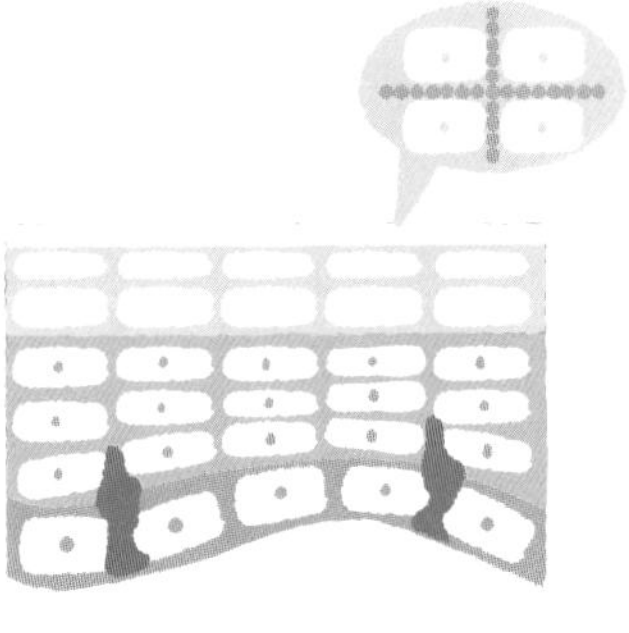

バリア機能を担っているのは表皮の一番外側の角質層。バリア機能が正常に働くことで、異物が肌の中に入り込むのを防いだり、角質層に水分を蓄えたりできるのです。

正常なターンオーバー

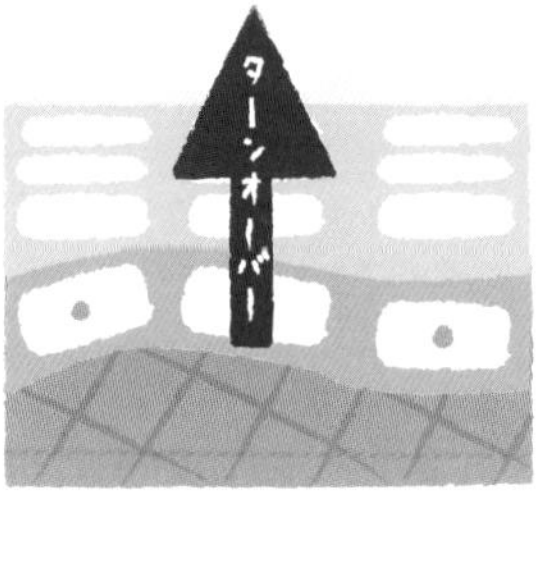

ターンオーバーとは細胞が生まれ変わるリイクル。表皮で生まれた細胞は約28日かけて上へと押し上げられ、垢となってはがれ落ちます。ターンオーバーは速くても遅くてもだめ。

表皮のバリア機能がしっかり働き、正常なターンオーバーが維持されることで、健康な表皮が作られます。そして、それが肌の本体である真皮をしっかり守ることになります。

一方、真皮を育てるためには、肌のハリや弾力に関わる真皮の線維芽細胞へのダメージを減らすこと。そして、栄養や酸素が肌のすみずみまで運ばれることが必要です。

線維芽細胞の維持

肌のハリ成分がコラーゲン、ヒアルロン酸、エラスチンなど。こうした成分を生み出すのが真皮の線維芽細胞です。線維芽細胞の数は紫外線などで減ってしまうので対策はしっかり。

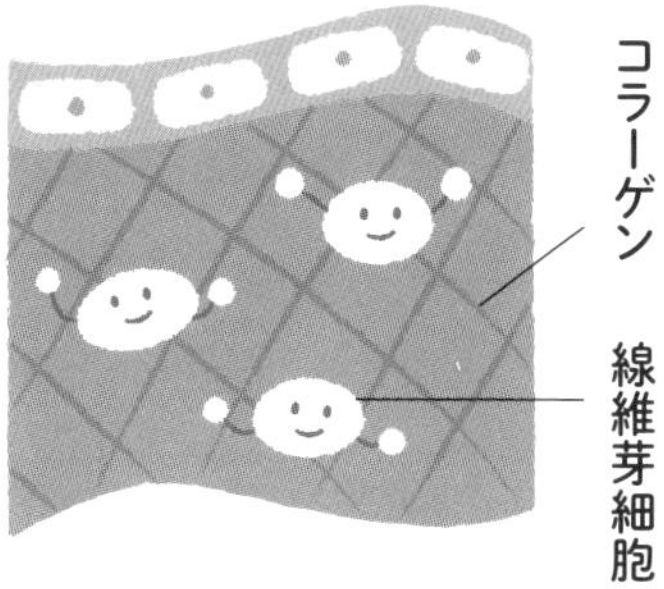

酸素や栄養素の供給

体と同じように、健やかな肌を維持するためには酸素や栄養素が不可欠。真皮にはりめぐらされている毛細血管から栄養や酸素が運ばれ、老廃物や二酸化炭素を運び出します。

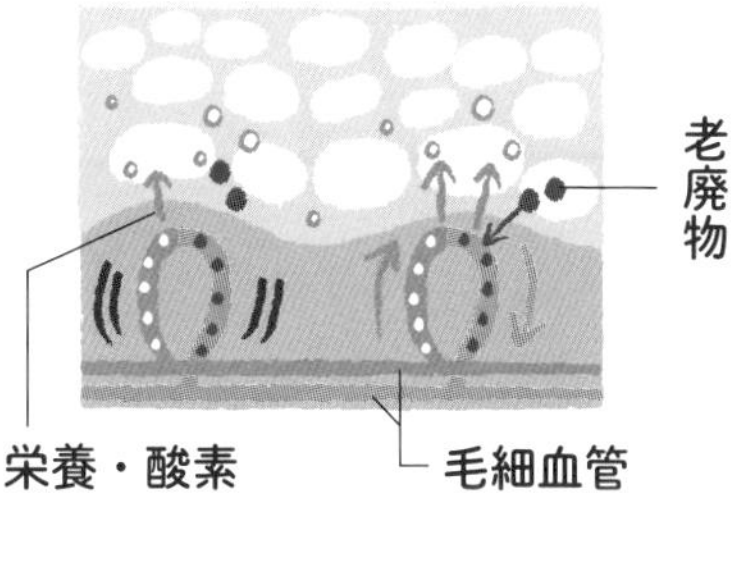

肌サイエンス 3

肌のうるおいを左右するのが角質層

肌は自ら保湿成分を作る

表皮のバリア機能のひとつが、角質層の水分保持力。つまり、うるおった肌というのは、肌自身が角質層に水分を蓄える力を持っている状態のこと。それを支えるのが、角質層を構成する角質細胞とその間を埋める角質細胞間脂質です（左ページイラスト参照）。皮脂が肌の水分を守っていると思っている人もいるかもしれませんが、皮脂の果たす役割は非常に小さく、この構造こそが肌の水分を守っているのです。

肌の水分を守るのは？

グラフは角質層の水分保持を担う割合。セラミドなどの角質細胞間脂質が肌のうるおいを保つ鍵。

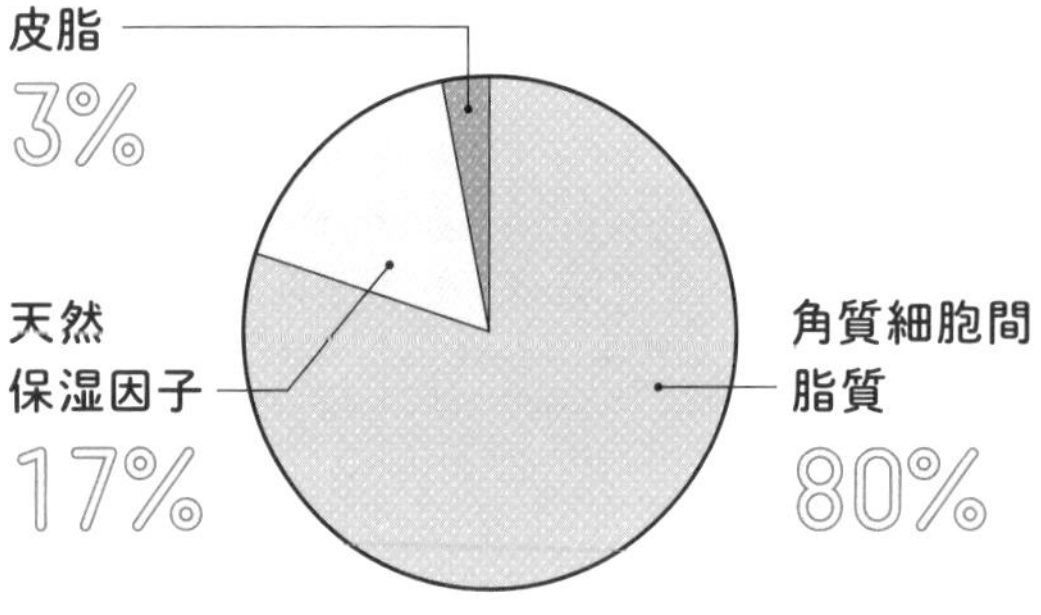

角質層はこうなっている

角質細胞

角質細胞は、ターンオーバーによって角化した細胞。主成分はケラチンというたんぱく質です。角質細胞には、水溶性で保湿力のある天然保湿因子（NMF）があります。

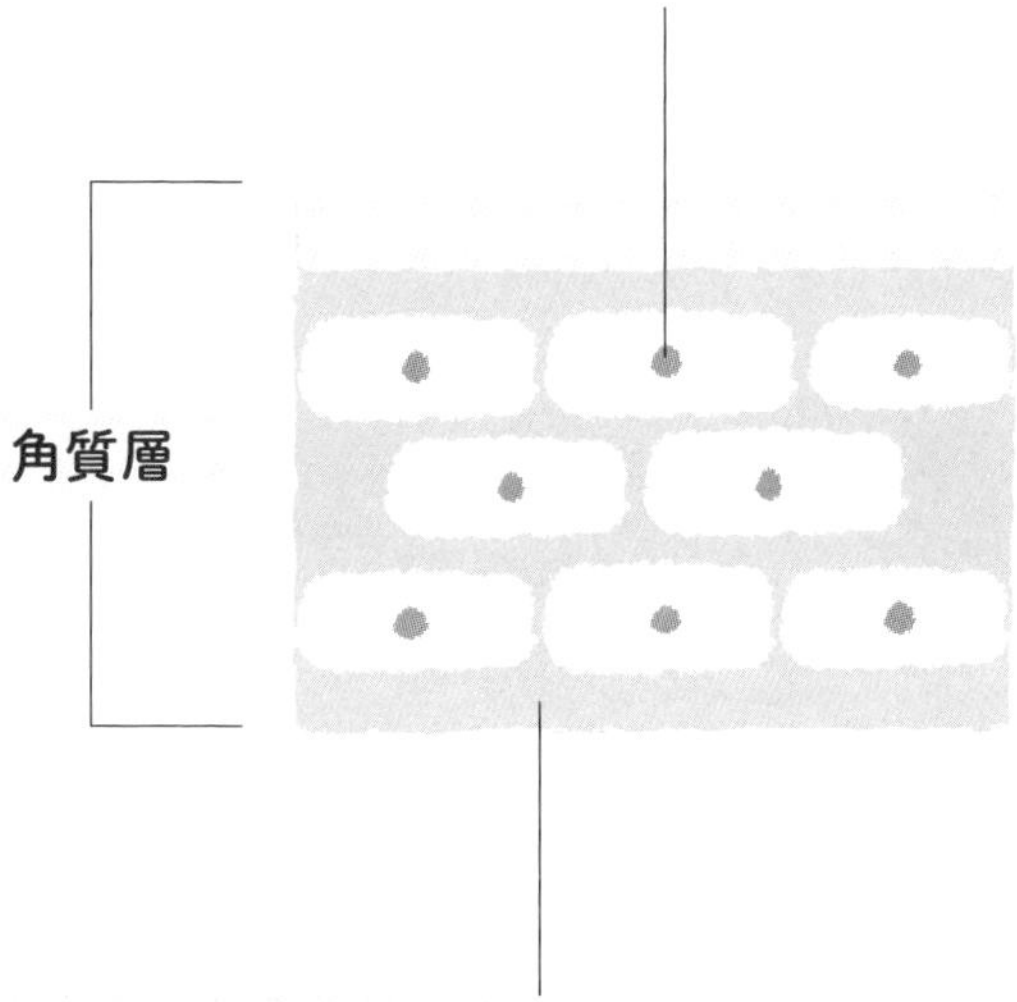

角質細胞間脂質

角質細胞間脂質の約40％を占めるのがセラミド。水をはさみこんでキープするので水分保持力は強い。セラミドは角質細胞と角質細胞をつなぐ役目もしています。

角質層は小さな刺激で痛みなく壊れる

こすりすぎは美肌の大敵

肌の保湿の主役が角質層。0・02ミリしかなく、強くこすれば角質細胞は痛みなく、はがれ落ちてしまいます。するとどうなるか、肌の保湿機能は失われ、乾燥が進んでしまうのです。角質層そのものは爪や髪の毛と同じ。痛みもなく、血液も通っていません。垢とは異なり、肌の保湿機能を担う重要な部分です（はがれ落ちた古い角質が垢）。ですから、肌への強い刺激は少しでも減らし角質層を守ることが重要です。

刺激に弱い角質層

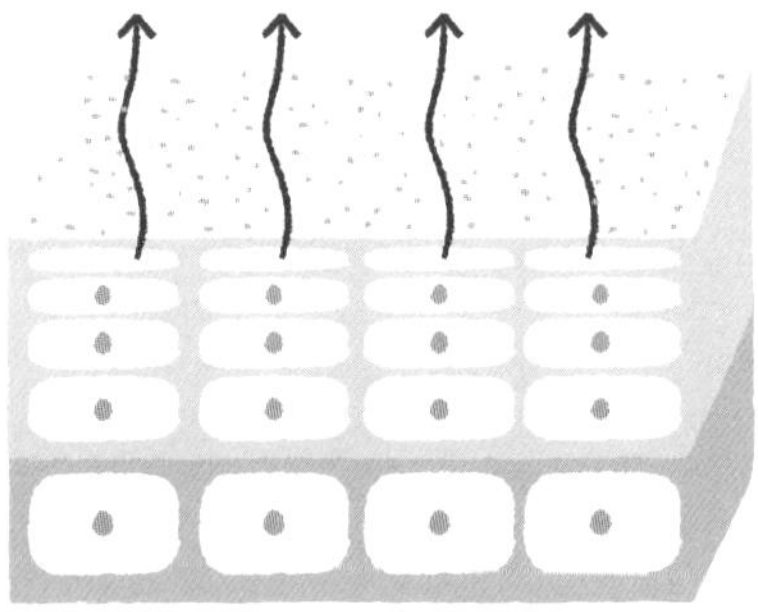

わずかな刺激で角質細胞がはがれ、肌の水分が失われ、乾燥が進みます。

こんな刺激が角質層を破壊

毎日、長時間スチームを当てる

スチーマーで毛穴が長時間開きっぱなしになり、肌の乾燥を進めてしまうことに。

界面活性剤

クレンジグ剤や化粧品に含まれる界面活性剤は、肌の機能を衰えさせてしまいます。

洗いすぎ・こすりすぎ

化粧品を塗るとき、指が肌に触れた状態で何度もクルクルとなでまわすのは肌への刺激に。

マスクによる刺激

肌は摩擦に弱い。マスクをしたり、ティッシュで鼻をかむのも肌への刺激になります。

ピーリング

ピーリングのしすぎや、ピーリング系石鹸の使用で角質層が傷つき、保湿成分が流出します。

色素細胞は美肌の敵ではなく味方

表皮の最下層が紫外線から肌を守る

表皮の細胞を作る工場となるのが、表皮の一番下にあり、真皮との境目にある基底層と呼ばれるところ。真皮の毛細血管から栄養や酸素を受け取ることで、細胞分裂をして新しい細胞を作っていきます。

シミの正体であるメラニンが作られるのもここ。メラニンは美肌の大敵のようにいわれますが、色素細胞からメラニンが作られることで、紫外線が真皮に届かないようにブロック。真皮を守ってくれているのです。表皮は傷ついてもターンオーバーでリカバリーできますが、真皮がダメージを受けると完全には元に戻らないのでしっかり守ることが必要です。

真皮の上の部分は波打つような形状（真皮乳頭）になっています。肌を押したり、引っ張ったりしても元に戻るのはこの形状があるおかげです。実は色素細胞は、真皮乳頭の上に敷き詰められて、この形状を維持するサポート役にもなっているのです。

基底層の大切な役目

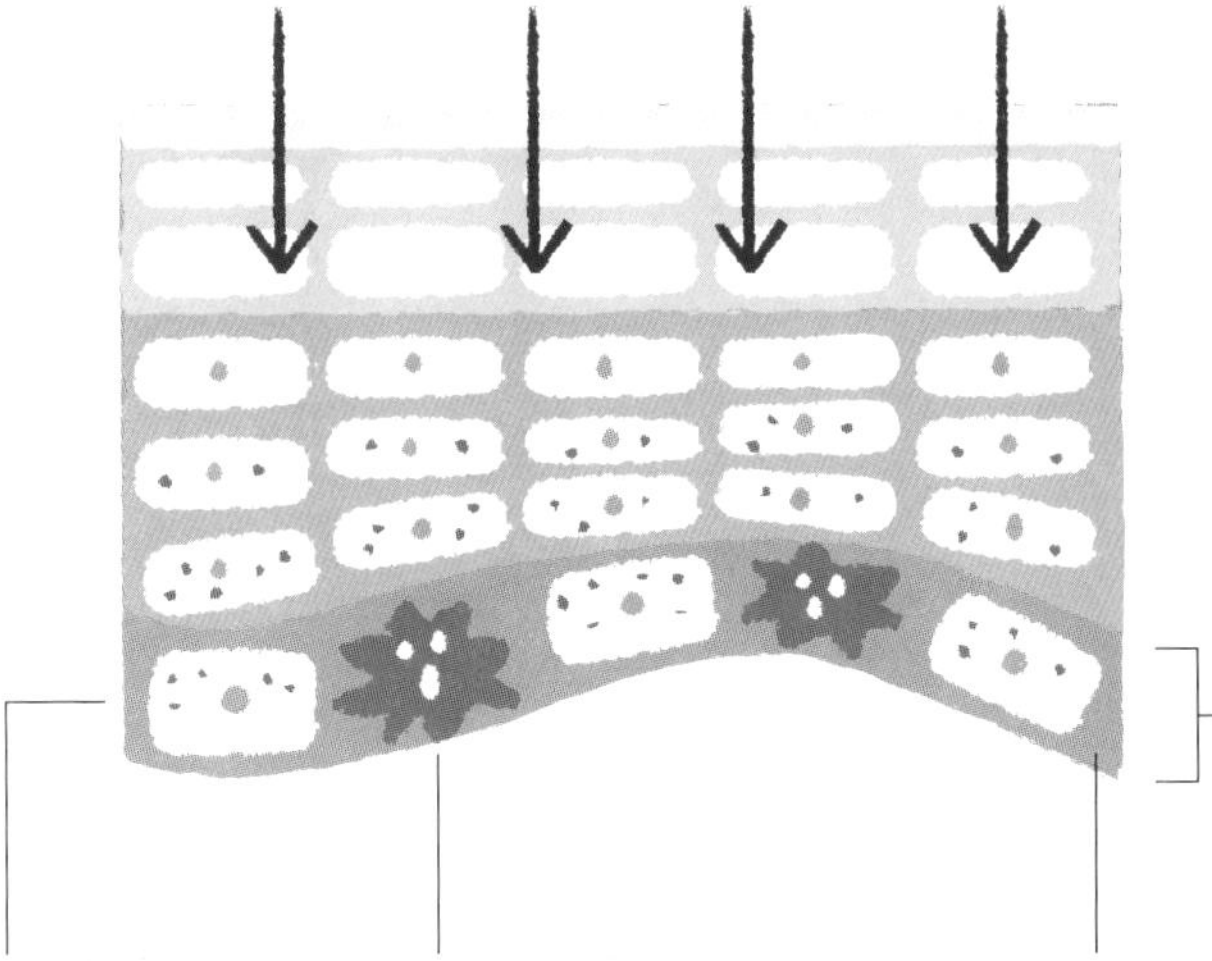

ターンオーバーのスタート地点

基底層で表皮の細胞が生まれて、上へと押し上げられていきます。ターンオーバーはここから始まります。

色素細胞がメラニンを作り出す

紫外線を強く浴びたときは自然とメラニンを作るように設計されています。色素細胞は神経系の一種で、メラニン合成を増やしたり減らしたりするほか、真皮の細胞を増やす、異物が入ってきた際には免疫系の細胞を活性化するといった働きもあります。

真皮を守り、弾力やハリをサポート

紫外線が真皮にまで到達するとハリや弾力を保つ繊維を壊します。真皮は表皮に食い込むように波打つような形状になっており、色素細胞はその上に存在しその形状維持をサポートします。

肌サイエンス 6

キメの細かい肌は正常なターンオーバーが鍵

キメは角質細胞からできている

肌のキメという言葉はよく使います。では、肌のキメとは？　肌をよく見ると表面が凸凹しているのがわかります。肌の表面には網目のような細かい線があります。この線は溝になっていて皮溝《ひこう》と呼ばれます。皮溝によって小さく分けられた三角の部分が皮丘《ひきゅう》です（下イラスト参照）。キメは角質細胞からできているので、正常なターンオーバーを維持することで肌のキメは整ってきます。

キメは皮溝と皮丘で作られる

皮丘《ひきゅう》
もりあがったところ

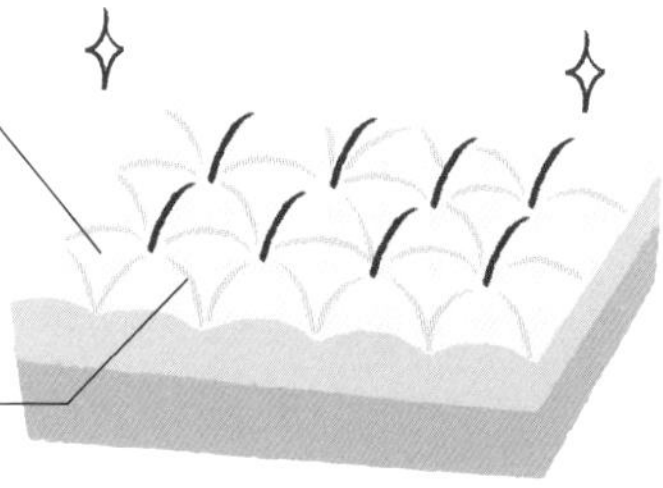

皮溝《ひこう》
皮丘と皮丘の間にある溝

お肌のキメが整っていると、お肌もなめらかすべすべに。適度にツヤ感も出ます。

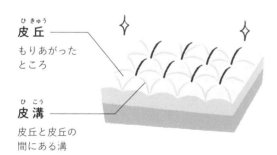

肌のキメって?

キメが細かい肌

・皮溝が深くて細くはっきりしている
・肌表面の質感がなめらか

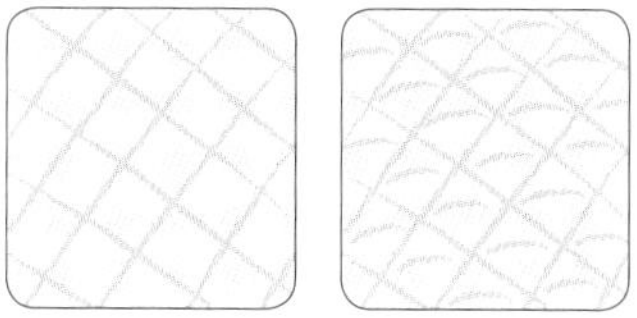

目指したいのはキメが整った肌。皮丘が均一な三角形が規則正しく並んでいる状態です。皮溝が細いので、表面の凸凹が少ない肌に。

キメが粗い肌

・皮溝が浅く広かったり、ふぞろい
・皮溝同士の交差点にある毛穴が大きく、肌表面がザラッとしている

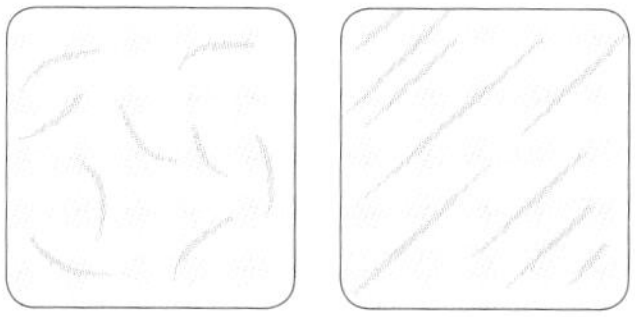

皮丘と皮溝のバランスが崩れて、網目状態が失われていたり、皮溝が浅くて広かったりする状態です。表面の凸凹や毛穴が目立ちます。

肌サイエンス 7

肌の常在菌は健康肌の維持に不可欠

常在菌のバランスが乱れると肌トラブルに

皮膚（表皮）にはさまざまな菌がすみついています。通常、皮膚の常在菌は悪さをしませんが、何らかの原因で常在菌のバランスが壊れたときに皮膚のトラブルに発展します。

たとえば、無理に角質を落とすと、肌を弱酸性に保つ表皮ブドウ球菌などが減ります。するとアルカリ性を好む病原性の強い黄色ブドウ球菌が増え肌トラブルに。肌のバリア機能を保って常在菌と上手に付き合うことが肝心。おもな皮膚の常在菌は次のとおり。

- **表皮ブドウ球菌**…肌にうるおいを与え、弱酸性に保ったり、アクネ菌の増殖を抑制。
- **アクネ菌**…ニキビの原因菌。皮脂の分泌が増えて悪さをしますが、通常は表皮ブドウ球菌のように皮膚表面を弱酸性に保ちます。
- **マラセチア菌**…カビの一種で、増えすぎると頭皮に炎症やかゆみを発生します。
- **黄色ブドウ球菌**…皮膚がアルカリ性に傾くと増殖して皮膚炎などを引き起こします。

常在菌はバランスが大切

健康な肌

さまざまな菌がバランスよく生息して肌の健康を維持しています。

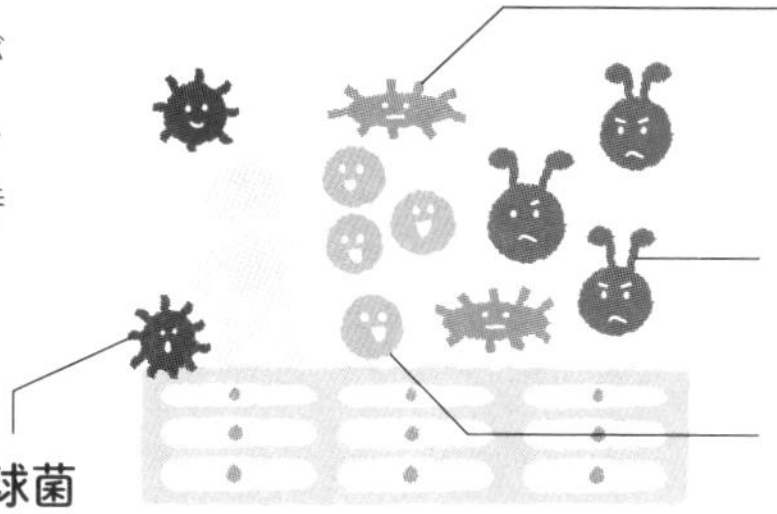

常在菌のバランスが崩れると…

クレンジングなどによる角質層のバリア機能の破壊、ストレス、悪い生活習慣などで菌のバランスが崩れます。

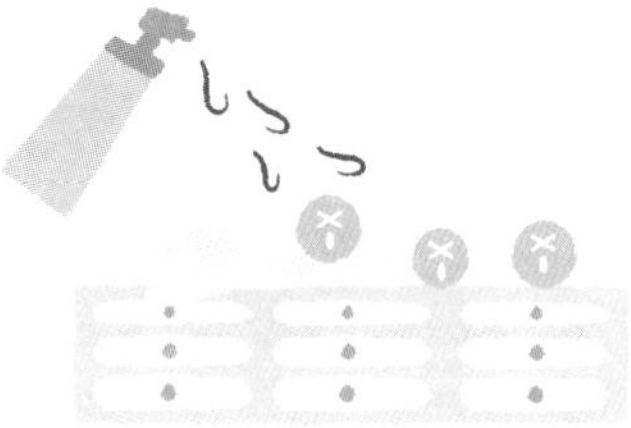

不健康な肌

特定の常在菌が異常繁殖して、肌トラブルを引き起こします。

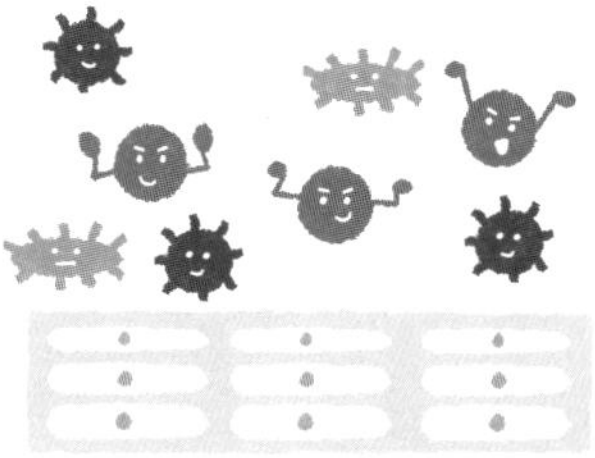

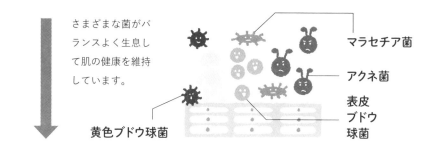

肌サイエンス 8

シミにはいくつかのタイプがある

自然と消えるシミもある

シミの中で最も多いのが、年齢を重ねるにつれて多くなる老人性色素斑。これは紫外線が原因で起こるもので、正常なターンオーバーであれば最後にはなくなります（下図）。シミを作らない対策が重要で、美白化粧品を使ってもシミはとれないというのが私の持論です。

このほか、シミにはいくつか種類があり（左ページ参照）、原因もケア方法も異なります。自分のシミがどのタイプかを知ることが肝心。

老人性色素斑の一生

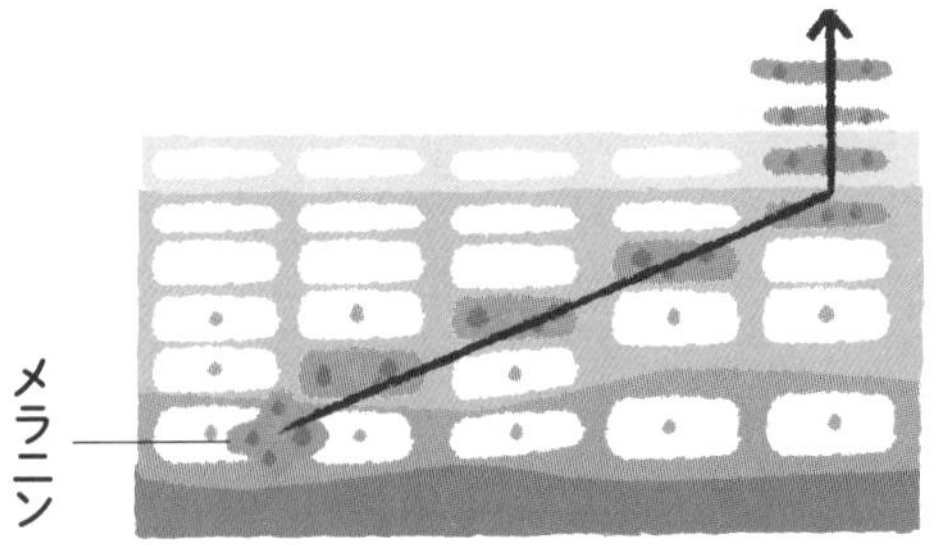

紫外線を浴びると真皮を守るため表皮の基底層でメラニン色素が作られます。ターンオーバーにより上へと押し上げられ垢となってはがれ落ちます。

シミの種類

老人性色素斑

紫外線の影響でできる、一番多くみられるシミ。頬骨の高いところなど皮膚の薄い部分にできやすく、放置すると徐々に大きくなります。長年放置すると隆起してくることも。

脂漏性角化症

老人性色素斑を放置したまま紫外線をあびるとシミの輪郭が広がって色が濃くなり、イボのようになった状態。イボの表面はぼつぼつしています。レーザー治療が有効。

雀卵斑

いわゆるそばかす。紫外線によって過剰にメラニンが作られた状態。遺伝的な要因も大きく関係します。レーザー治療が有効だが、再発の可能性も。

肝斑

女性ホルモンのバランスが崩れ、メラニン色素が沈着しやすくなってできたシミ。左右対称にできることが多く、レーザー治療は不向き。トラネキサム酸の内服薬が有効。

一過性色素沈着

肌を指でかくなど外からの物理的刺激によってできるシミ。刺激をとめれば自然と消えていきます。日焼けしたあとにできる炎症性色素沈着も通常のターンオーバーで消えます。

真皮の肌細胞が肌のハリや弾力を作り出している

肌細胞（真皮線維芽細胞）

肌細胞は、真皮を構成する３つのたんぱく質（コラーゲン、ヒアルロン酸、エラスチン）を作り出したり、メンテナンスをしています。

真皮の3大成分

肌にハリを与える コラーゲン

コラーゲンは、真皮の70 ～ 80%を占める最も重要な成分。肌にハリや弾力性を持たせ、表皮と皮下組織を支えています。

肌の弾力を維持する エラスチン

コラーゲンをとりまくように存在し、ばねのような働きを持ち、肌に柔軟性と弾力性を与えます。肌を指で押しても押し返してくるのはコラーゲンとエラスチンのおかげ。

肌にうるおいを与える ヒアルロン酸

肌の保湿の要。ヒアルロン酸は１gで500ｇの水分を抱え込むことができ、いつも同じ量の水を含んでいるようコントロールしています。表皮のうるおいにも影響します。

肌細胞は加齢にともない減少 真皮がもろくなるのが老化

若い頃は真皮には肌細胞がたくさんありますが、加齢にともないその数は減少し機能も低下。50歳を超えると、20歳の頃の約半分にまで減少するといわれています。こうなると、真皮では3大成分が十分に作られなくなり、表皮や皮下組織を支える力が衰えて、シワ、たるみ、肌質の変化などにつながります。紫外線や乾燥を防ぎ、また、食事や運動などで血行をよくして、肌細胞にダメージを与えないことが肝心です。

若い頃の肌

肌細胞の数も多く元気なので、真皮には弾力があります。

年齢を重ねると…

肌細胞が減少して真皮が弱くなり、さまざまな肌トラブル発生。

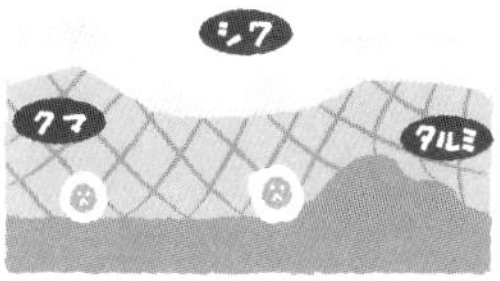

肌の再生医療コラム❸

Q. 肌の再生医療の効果はどのくらい持続するの？

A 保管した若い肌細胞で2～3年ごとのメンテナンスが必要です

培養した自分の肌を老化部分に注入すると、３～６か月くらいで定着し、肌再生のために働き始めます。では、その効果はどのくらい持続するのか？　根本治療なので効果がなくなるわけではないですが、２～３年とお伝えしています。なぜなら、移植した肌細胞も年月とともに老化していき、徐々に働きが弱くなっていくからです。

これをどう解決するかというと、治療をはじめた当時に冷凍保管した自分の若い肌細胞を使って、定期的にメンテナンスするのです。つまり、肌の再生医療では、自分の細胞を保管することが必要なのです。

自分の肌細胞は半永久的に凍結保存できます。たとえば、40歳で自分の細胞を冷凍保存しておけば、10年後には10歳若い自分の肌細胞を真皮に移植できます。

PART
4

簡単２ステップ
“水＋ワセリン”はトラブル肌に効く！

乾燥、くすみ、毛穴、シミ……水とワセリンで
肌の働きを取り戻せば肌トラブルも改善します！

“水＋ワセリン”で本来の肌力が復活！さまざまな肌トラブルが改善する

肌トラブルは肌の機能低下で起こる

水洗顔＋ワセリンの2ステップのシンプルスキンケアを実践することは、健康美肌を取り戻すだけではありません。乾燥肌、脂性肌、くすみ肌、毛穴トラブルなど、さまざまな肌トラブルの改善にもつながります。

それはなぜでしょうか？　答えは簡単です、パート3でもみてきたような肌本来の機能が回復するからです。つまり、バリア肌がよみがえるということです。すべてとはいえないまでも、肌トラブルの多くは、肌本来の働きが滞ったり、乱れたりすることで起こるものです。これは肌機能の低下です。こうした裏には、間違ったスキンケア、過剰なスキンケアがあるのはこれまでみてきたとおりです。

スキンケアは外側からのケアで、それでアプローチできるのは表皮のケアです。体の内側である真皮に働きかけることはできません。こうしたことを含め肌について学ぶことは、今の自分にとって不要なスキンケアはどれか、そして実践すべきスキンケアは何かを知ることでもあるのです。

このお悩みに効く！

カサカサ、ひび割れ、粉ふき……乾燥肌

肌バリアの回復で肌は乾燥しにくくなる

化粧品のつけすぎ、洗顔のしすぎなどにより角質層のバリア機能が壊れると、セラミドなどの角質細胞間脂質が働かなくなり、肌は水分保持が困難に。すると、角質層の水分量が減って肌は乾燥し、ひび割れ、粉ふき状態に。表皮は薄くなって真皮の神経が刺激されやすくなり、かゆみも出てきます。でも肌バリアが回復すれば肌からの水分蒸発を防ぎ、うるおいは復活！

肌の乾燥はこうして進む

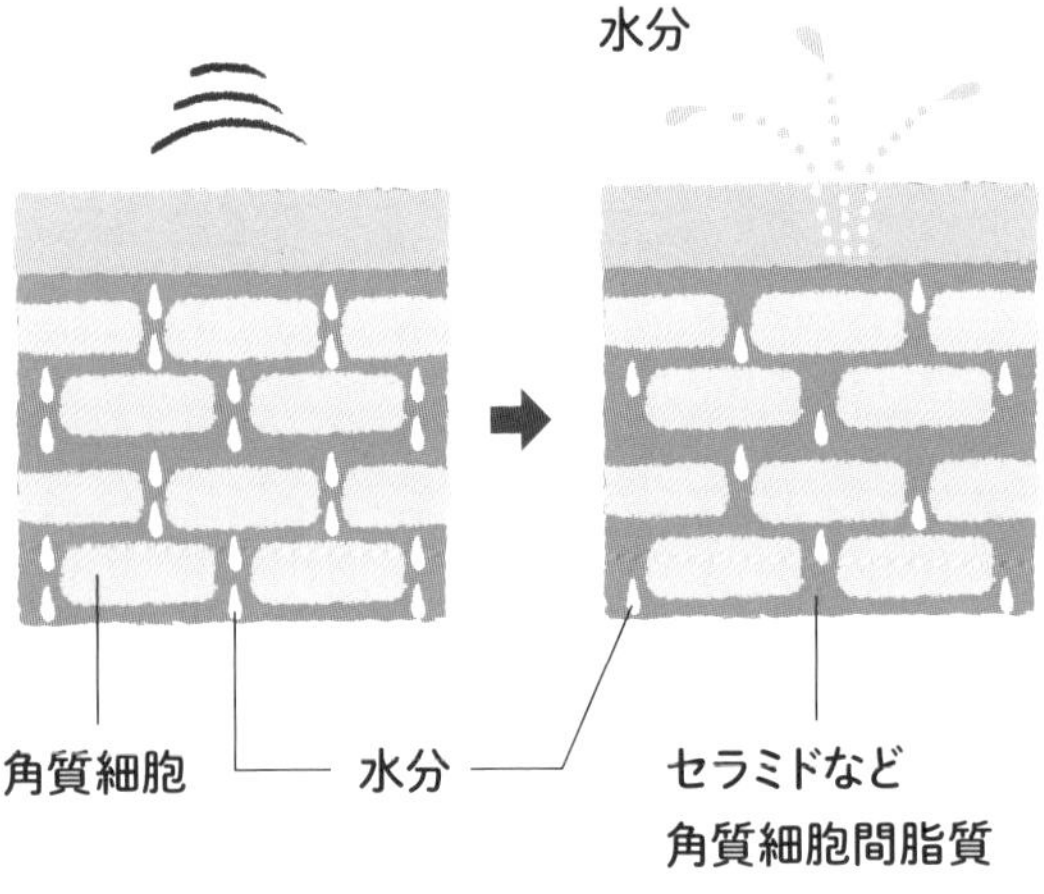

水分を保持する役目があるセラミドなどが減ると肌は乾燥状態に（右）。シンプルスキンケアで水分保持機能を取り戻します。

このお悩みに効く！

脂性肌

顔がテカリやすいオイリー肌

皮脂をとりすぎないケアの実践を！

テカリ肌やオイリー肌などの脂性肌は、何らかの原因で皮脂の分泌が過剰になっていることが原因。それを引き起こしてしまう一因が、洗いすぎやこすりすぎで皮脂を落としすぎているケースです。実は皮脂のとりすぎは皮脂腺の分泌活性を高めてしまい、テカリ肌に。まずは、水洗顔で皮脂を落としすぎないケアを実践。これで皮脂腺も小さくなり皮脂も減ってきます。

皮脂の落としすぎで皮脂が増える⁉

皮脂をとりすぎると、不足した皮脂を補おうと皮脂腺が大きくなり、結果、皮脂の過剰分泌に。

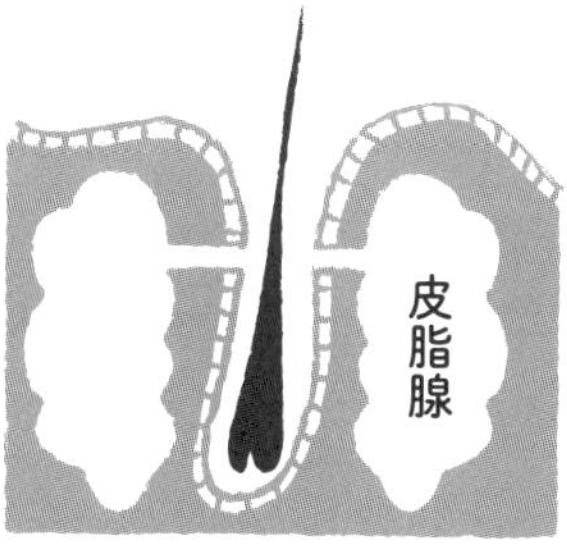

このお悩みに効く！

黒ずんで見える、透明感がない……くすみ

角質層が健康になればくすみはなくなる

くすみの原因はいくつかありますが、ターンオーバーの乱れやバリア機能の低下はそのひとつです。ターンオーバーが乱れ古くなった角質がはがれ落ちず残ったままの状態になる、また、バリア機能の低下で乾燥が進み肌は硬くなるなどすると角質層が厚くなり、肌はくすんでみえるのです。シンプルケアで健康な角質層を取り戻せばくすみは軽減します。

くすみは不健康な角質層が作り出す

角質層の角質細胞は若干色を帯びており、角質層が厚くなると肌は灰色がかってみえます。紫外線、過剰な洗顔やメイクなどによる摩擦も不健康な角質層をもたらします。

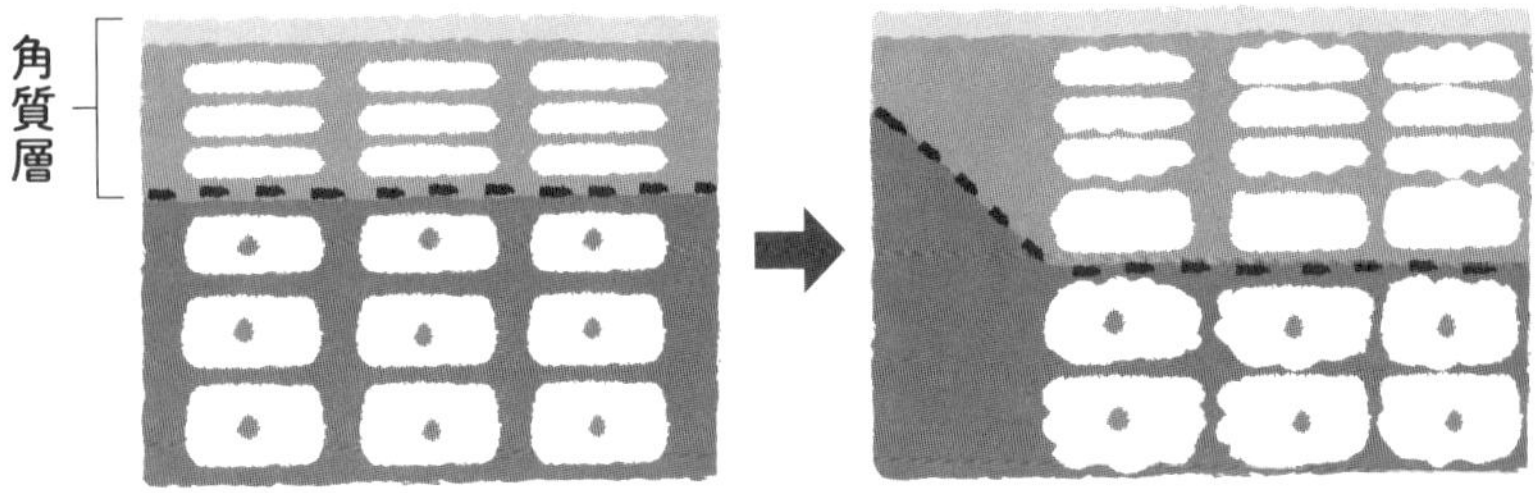

このお悩みに効く！

メラニンが沈着してできる シミ

刺激の少ないケアでの予防が肝心

シミの正体はメラニンです。洗顔のしすぎや化粧品のつけすぎなど過剰なスキンケアは、肌にとっては大きな刺激になります。これは、メラニン生成を進めてしまう可能性があります。

メラニンができるのは外からの刺激から肌を守る防御作用とはいえ、シミのリスクを極力減らすためには、メラニンを作らせないように、肌をいたわる刺激の少ないケアの実践が大切。

肌への刺激でメラニンが作られる

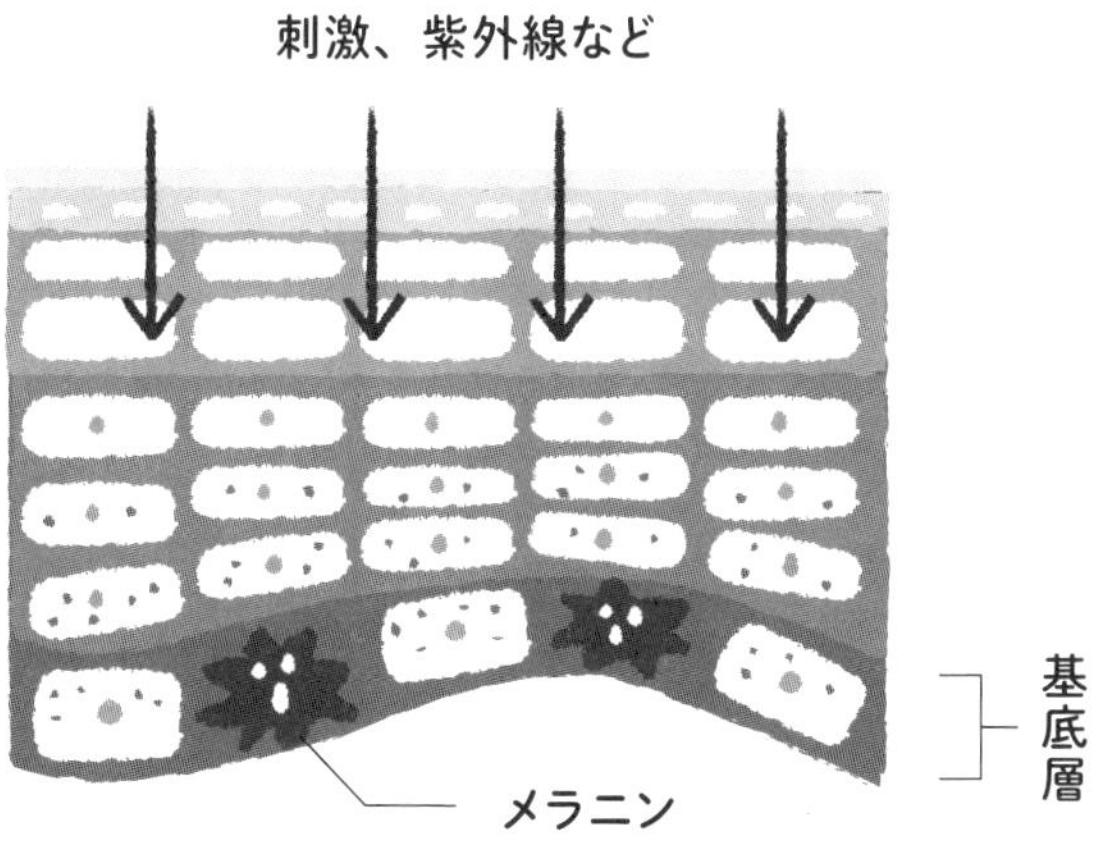

物理的な刺激や紫外線などにより、表皮の一番下の基底層でメラニンが作られます。過剰なスキンケアは、メラニン生成を加速させるので要注意です。

このお悩みに効く！

小ジワ

目元や口元にできる浅く細かいシワ

角質の水分保持力を回復することが肝心

目元や口元は皮膚が薄く小ジワができやすい部分。だからといって過剰なケアをするのは実は逆効果です。小ジワは角質層の水分が不足することが原因。つまり、角質のバリア機能が壊れ、肌が柔軟性を失うことでできてしまうのです。でも、正しいケアで肌の水分保持機能を取り戻せば、小ジワはなくなります。真皮へのダメージを食い止めるためにも表皮ケアが肝心。

表皮ケアが真皮へのダメージを食い止める

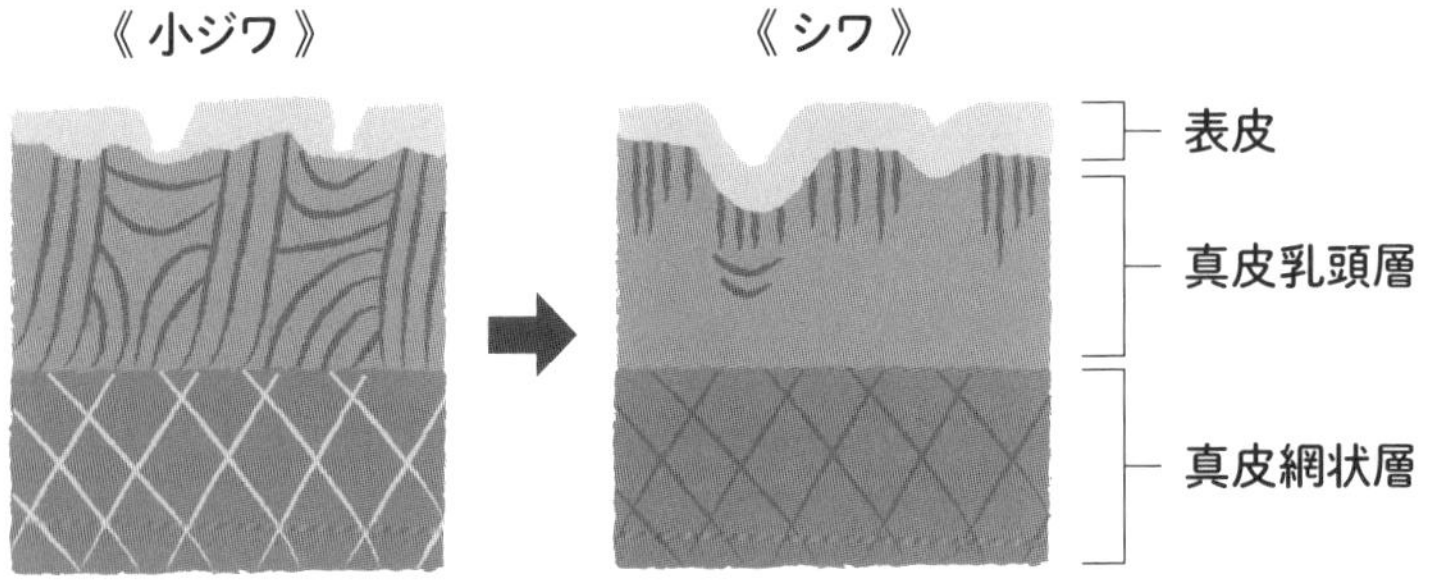

小ジワは表皮の問題。でも、乾燥などにより表皮が薄くなると、その影響で真皮の一番上（乳頭層）もダメージを受け皮膚が凹んでシワに。

このお悩みに効く！

加齢とともに目立ちやすくなる たるみ

健康な表皮で真皮を守る

肌のハリを保つのは真皮の役目です。真皮が肌のハリ成分を作り出すことで肌の弾力を維持しています。でも、紫外線などの影響が真皮にまで届いてしまうと、そうした真皮の働きは低下。厚さやコラーゲン量にも悪影響を及ぼしたるみが加速。正しいスキンケアで、健康な表皮を保つことは、紫外線をしっかりブロックできる力を保ち真皮を守ることになるのです。

たるみはこうしてできる

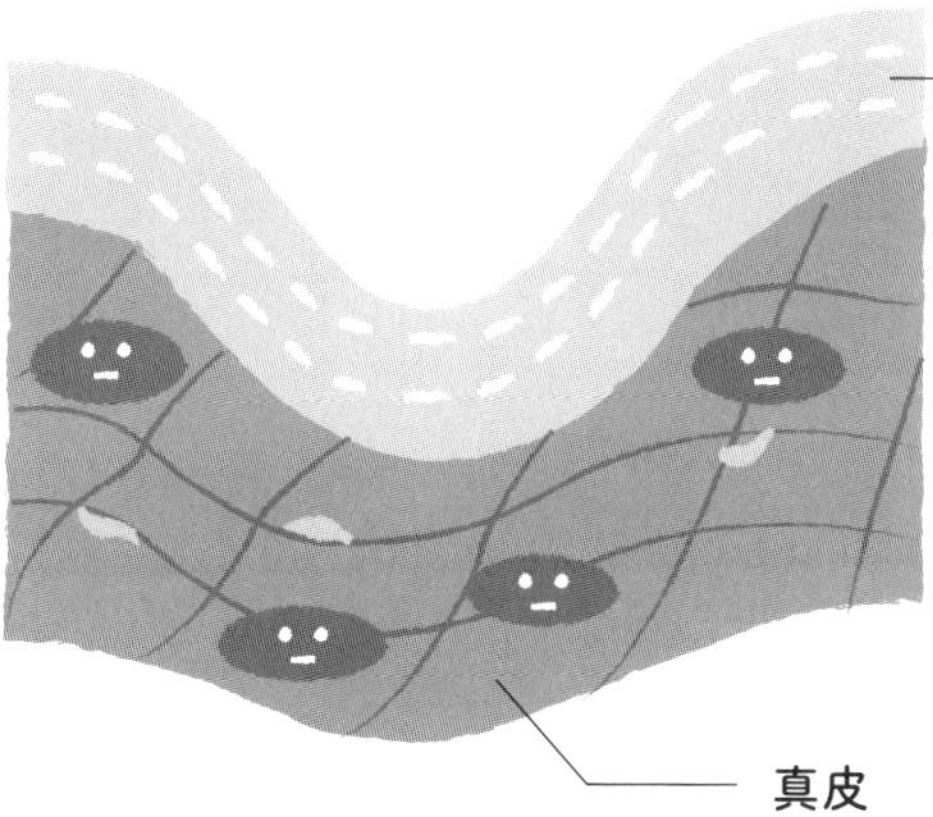

真皮はコラーゲンやヒアルロン酸などのハリ成分を作ります。その働きが低下すると、表皮を支えられなくなり肌はたるみます。

このお悩みに効く！

毛穴

黒ずみと毛穴の開きが多い

過剰なケアをやめてトラブル解決

毛穴の役目は皮脂の分泌ですが、洗顔のしすぎで皮脂腺が大きくなると、毛穴が開いてしまいます。また、毛穴周辺はメラニンが多い場所なので、過剰な洗顔などで肌をこするとメラニンが増え毛穴が黒ずんでみえることも。さらに、肌のターンオーバーが崩れれば表皮が薄くなり、「角栓」も目立ちます。いずれも過剰なケアをやめることで毛穴トラブルは解消します。

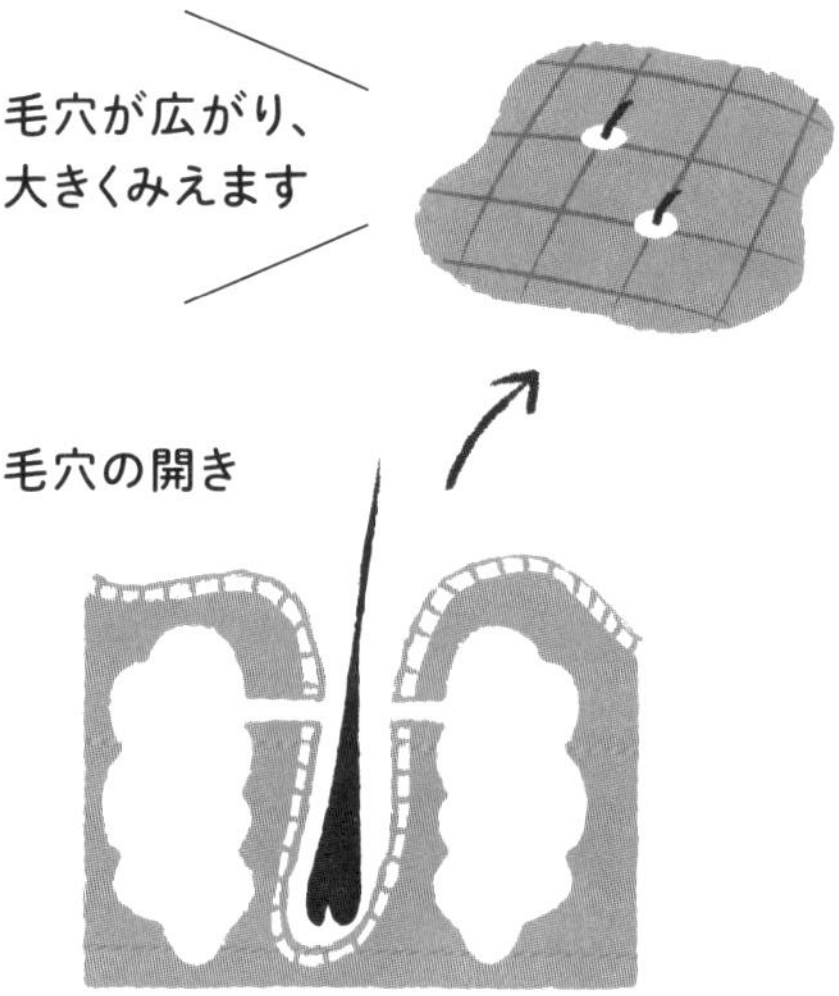

角栓とは？

毛穴の内側は外界と接しているので角質と同じ構造になっています。毛穴には新陳代謝で発生した古い角質のほか、メイクの汚れなどがたまりやすく、これらが皮脂と混ざり合い角栓ができます。角栓が酸化すると黒ずんでみえます。

このお悩みに効く！

原因を明確にしたい肌トラブル

色むら・赤み

メイクなど外的な刺激を一掃する

素肌にはさまざまな色むらがありますが、色むらを整えることで顔の印象は変わります。赤みが気になるからと、厚いメイクで隠している人、また、パックやマッサージでケアをしている人も。でもそれは逆効果。

肌表面に凹凸がなく赤みをおびている場合、紫外線などの外的刺激で表皮のバリア機能が壊れ炎症が起こっている、あるいは、皮膚が薄くなり、血管などの色が透けて見えるなどが理由として考えられます。化粧で隠そうとすれば、界面活性剤やクレンジングの刺激でさらなる悪化を招くことに。

まずは、表皮を健康な状態に導くことで徐々に落ち着いてきます。なかなか赤みが消えないときは、シャンプー剤などの刺激が原因かもしれません。顔につけないように使ってみてください。

このお悩みに効く！

大人も悩んでいる
ニキビ

水洗顔で皮脂を落とすことから

ニキビができてしまうのは、皮脂がつまって毛穴をふさいでしまうことが原因。ニキビ菌といわれるアクネ菌ですが、直接の原因ではありません。皮脂がつまった毛穴の中でアクネ菌が増殖してしまうことでニキビができてしまうのです。アクネ菌は皮膚の常在菌で、健康な肌では肌を弱酸性に保ち、雑菌の繁殖を抑える性質があります。しかし、皮脂を好み、増殖する特徴があるので、異常な増殖をするこ

ニキビができるプロセス

【正常な肌】

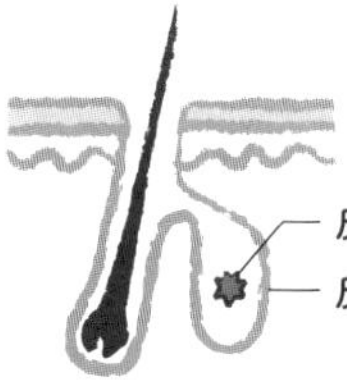

適切な皮脂量が分泌され、毛穴はふさがっていません。アクネ菌の増殖を抑制。

1

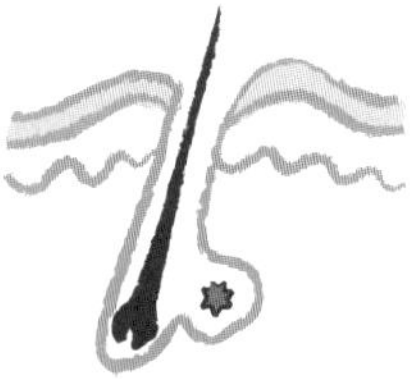

角質が厚くなり、皮脂などで毛穴が狭くなると、皮脂がたまりアクネ菌は増殖を開始。

とで炎症を起こしてしまうのです。ニキビはある程度の時間をかけながら進行していきます(下図参照)。

ニキビケアとして、アルコール入り化粧水を使い続けると肌によい常在菌を減少させてしまい、悪い菌が増殖しやすくなります。また、ニキビ用の石鹸も脱脂力が強いとかえって皮脂量が増えて、ニキビができやすくなります。

まずは、化粧品をやめて、水洗顔に替えることから始めてみましょう。皮脂を減らすことでニキビの症状が改善されます。パックなどは毛穴まわりを傷つけてしまうのでやめましょう。

※ニキビの状態によっては本書で紹介したシンプルケアを実践しても症状が改善されない場合があります。肌荒れなどがあった場合はすぐに中止してください。

2 ふさがった毛穴に皮脂がたまり、それをエサにアクネ菌はさらに増殖。

3 炎症が起こり毛穴まわりは赤く腫れあがります。白血球がアクネ菌を攻撃。

4 炎症が進むと毛穴の壁が壊れてクレーター状に陥没し、ニキビ跡に。

もっと知りたい スキンケア のこと

頭皮のケア

頭皮は皮膚の一種です。表皮、真皮、皮下組織からなり、汗腺や皮脂腺もありますが、毛穴の数や大きさなどが異なります。皮膚は新陳代謝を繰り返し死んだ細胞は垢となってはがれ落ち、頭皮の場合はそれがフケとしてはがれ落ちます。

頭皮ダメージの原因となるのが、洗いすぎやシャンプーの界面活性剤などの影響です。肌バリアが壊れて乾燥が進めば、皮膚が薄くなって毛根がしっかり成長しなくなり、太い髪の毛が生えてきません。シャンプー剤の使いすぎや洗いすぎに気をつけたいものです。

ボディのケア

背中や胸のニキビに悩む人は少なくありません。顔の次に皮脂腺が多いのがこれらの部位。皮脂の分泌が多いのでニキビができやすいのです。ケア法としては肌への刺激が少ないタオルと石鹸を使い、肌を清潔に保つことを心がけてください。

皮脂腺が少ないのがかかと。刺激が多いので、角質層が厚くなりやすい部位です。入浴でかかとの表面をやわらかくすると余分な角質だけがとりやすくなります。

スポーツをする人のケア

スポーツをする人がスキンケアで気を付けたいのは、清潔にする、保湿する、屋外でのプレーの場合は、紫外線対策をしっかり行うということです。スキーやスノーボードなどは雪面での反射により紫外線は2倍近くになります。また、標高が高いほど紫外線量はさらに増えるので、登山などの場合は紫外線対策がより重要となります。

水泳などは、プールの中に長くいるので肌は乾燥しないのではと思いがち。しかし、水中でも汗をかいていて肌の角質層はふやけてはがれてしまいます。水泳した後に肌が乾燥することは少なくありません。プールからあがって顔や体を拭くときは、ゴシゴシ拭かずにタオルを押し当てるように拭き、肌への刺激を少なくしましょう。

肌の再生医療コラム❹

Q.肌の再生医療と他の美容法とはどう違うの？

A 他の美容法よりも治療に時間がかかります

肌の再生医療は美容整形ではありません。決定的に違うのは、美容整形は老化した肌への対処療法で、肌の再生医療は肌細胞自体が増える根本治療だということです。

そもそも肌の老化の原因は肌細胞の減少です。美容整形では肌に対してヒアルロン酸やボトックスといった異物を注入したり、メスでたるんだ部分を切るなどのケアを施しますが、それは肌細胞の減少に対しては何の対策にもなりません。

肌の再生医療は皮膚の培養に約1か月かかるので、他の美容法よりも治療に時間がかかりますが、自分自身の細胞を使う安全性の高いケア法なのです。

PART
5

内側からのケアで肌力アップ

美肌をつくる
生活術

食事、睡眠、ストレス解消は肌を健やかに保つキーワード。
紫外線対策も重要です。

健康な体づくり＝美肌づくり 生活習慣を見直すことが肝心

酸化＆糖化を防ぐ内側からのケアも重要

美肌づくりにとって重要なのは、スキンケアだけではありません。紫外線対策はもちろん重要です。また、元気な肌を作るためにはたんぱく質の摂取が不可欠です。真皮にある弾力のもとであるコラーゲンはたんぱく質から作られます。ではどのようにたんぱく質をとればいいのでしょうか？　さらに、肌にダメージを与える酸化＆

糖化対策として何があるのか？　酸化とは体のサビ、糖化とは体のコゲです。こうした物質は体の老化に深く関係して、肌の弾力を低下させるなどして肌老化も推し進めます。どちらも食事による内側からのケアで防ぐことができます。

また、肥満やストレスもそのままにしていれば、肌にとってはマイナス。それを改善するためには何をすればいいのか？

こうしてみると、美肌づくり＝健康な体づくりといえます。

美しさと健康は表裏一体です。暴飲暴食をしたり、乱れた生活習慣では、それは体や肌に反映されます。自分の生活習慣をいまいちど見直して、美肌づくりに役立てましょう。

紫外線は肌老化を加速させる適切な方法で紫外線カットを！

コラーゲンを破壊してたるみ肌に

紫外線は美肌の大敵です。なぜなら肌の老化を早めてしまうから。肌の本体といえる真皮に悪影響を及ぼし、弾力を生み出すコラーゲンを傷つけます。シワ、シミだけでなく、たるみにも直結します。紫外線にはA波（UVA）とB波（UVB）があり、その両方を防ぐことが肝心です。日焼け止めは紫外線吸収剤を含まないものをチョイスして。

2種類の紫外線に注意

日焼け止めの表示で、「PA」は紫外線A波をカットする力、「SPF」は紫外線B波をカットする力を表します。

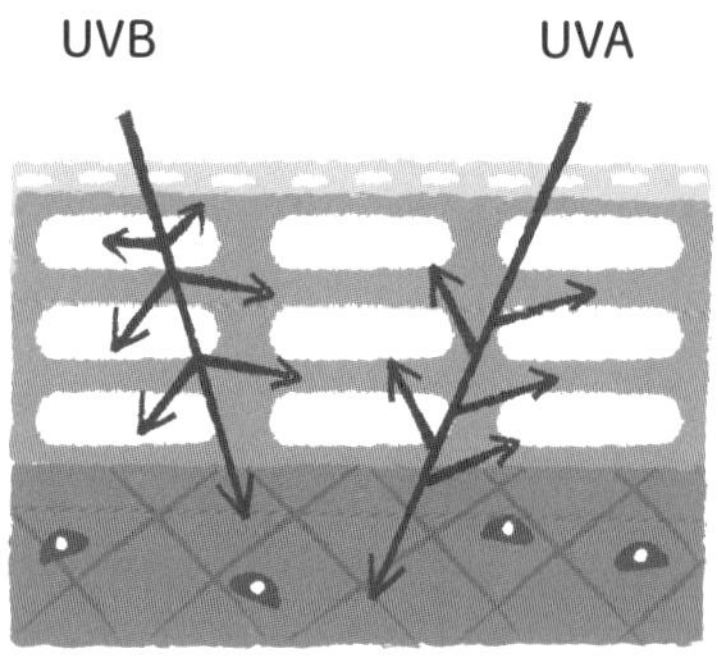

日焼け対策のポイント

日傘、帽子などのアイテムを活用

直射日光に当たる時間が15分以内なら日焼け止めは控えます。日傘、帽子、サングラスなどでUVカットを！

うっかり日焼けに気を付ける

日陰や曇りの日でも紫外線は降り注ぎます。紫外線A波はガラスを通過するので自動車内でも油断は禁物。

15分以上の日差しを浴びるときは日焼け止めを

真夏や15分以上日差しを浴びるときは、刺激の弱い日焼け止めを。ワセリンベースの日焼け止めもおすすめ。

紫外線対策は年間を通して必要

紫外線は一年中降り注いでいます。紫外線の量は春頃から急に増え始めることを覚えておいて。

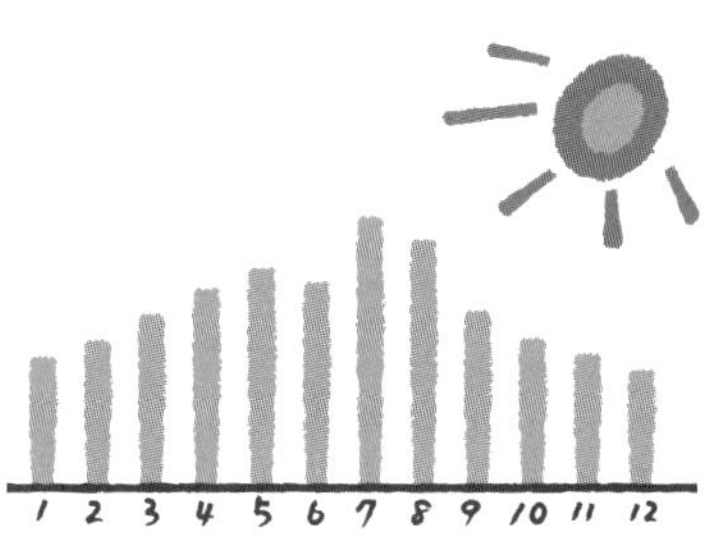

たんぱく質は美肌力のもと ビタミンCの摂取も肝心

食事が肌弾力を生むコラーゲンを維持

体のあらゆる細胞を作るたんぱく質。もちろん美肌にも不可欠な栄養素です。弾力のあるぷるるん肌を維持するのが真皮のコラーゲンです。コラーゲン生成にはたんぱく質が必要ですが、ビタミンCや鉄分も必要です。これらが不足すればコラーゲン生成が不十分に。女性は鉄分が不足しやすいので意識的な摂取が必要です。

コラーゲンとは?

コラーゲンは繊維状のたんぱく質で肌弾力のもと。真皮の大部分を占めています。コラーゲンを作るには、たんぱく質、ビタミンC、鉄が必要です。

たんぱく質の上手なとり方

さまざまな食品からとる

肉、魚、卵、乳製品、大豆や大豆製品が主要なたんぱく質源です。さまざまな食品から摂取することが肝心。

朝食にたんぱく質を取り入れる

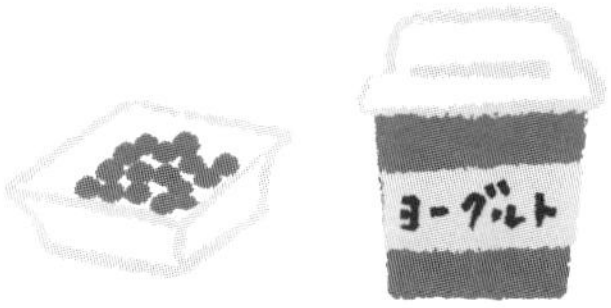

たんぱく質は3食でバランスよくとることが肝心。朝食では不足しがちなので、しっかり取り入れて。

ビタミン・ミネラル類を含む野菜を一緒にとる

ビタミン類やミネラルを多く含む野菜や果物を取り入れて。海藻類は鉄分の供給源になります。

活性酸素が"肌サビ"をつくる 体の抗酸化力を強めて対抗

肌の酸化を食い止める生活習慣を実践

老化や生活習慣病の元凶とされる活性酸素。体内に取り入れた酸素の一部が変化し、体をサビつかせて(＝酸化)悪さをする物質になったものです。肌も酸化されれば老化が加速し、シワやたるみの原因に。活性酸素が体内で増えてしまう原因はさまざま。食事や生活習慣の改善で、活性酸素を除去する力（抗酸化力）を強め、活性酸素に負けない肌づくりを！

活性酸素が体内で増える原因

活性酸素が増える原因は、紫外線、過度なストレス、喫煙、激しい運動、大気汚染、排気ガスなどの環境汚染物質の吸引や、加工食品の添加物などさまざま。

実践！
サビない体づくり

外と内からのUVケア

紫外線で活性酸素が活性。肌ダメージを防ぐには、UVカットのほか、栄養摂取など内側からのケアも大切。

抗酸化作用のある野菜や果物をとる

ビタミンA、ビタミンC、ビタミンEは、代表的な抗酸化成分。これらの栄養素を含む野菜や果物を摂取して。

禁煙する

喫煙は活性酸素を発生させて肌老化を加速。シワシワ顔になりたくないならすぐに禁煙を！

しっかり睡眠をとる

睡眠不足になると体内で活性酸素が過剰に発生し、体の酸化が進みます。睡眠時間を確保することが肝心。

アルコールは適量に

過剰なアルコール摂取は活性酸素を多く発生させます。アルコールは適量を守るようにしましょう。

※適量とは純アルコールで1日当たり平均約20ｇ。ビール中瓶1本（500mℓ）、ワイン200mℓ、日本酒1合など。

"体のコゲ"で老化が加速 血糖値を上げない食事が大事

老化物質でコラーゲンも劣化

糖化とは体のコゲとも呼ばれ、体内の余分な糖とたんぱく質が結合し、AGEsという老化物質が作られ、肌老化を加速させる原因になります。コラーゲンの劣化も進み、肌の弾力も失われてしまうことに。肌の糖化予防には血糖値を上げないことです。そのために重要なのが食事。食事のとり方を見直して、血糖値の急激な上昇を防ぐことから。

コラーゲンが劣化すると…

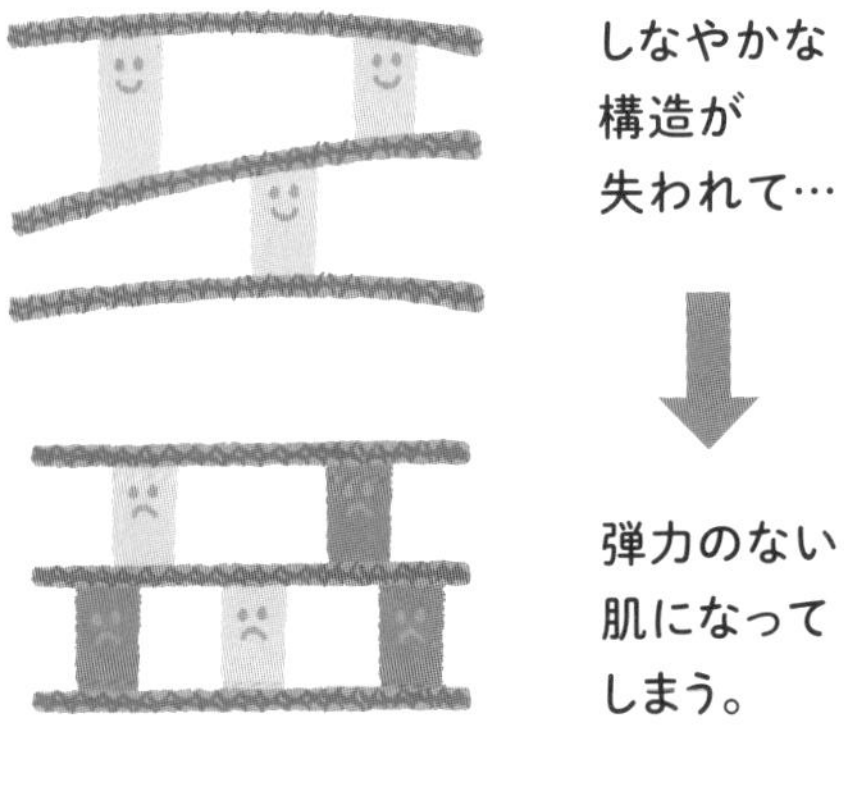
しなやかな構造が失われて…
弾力のない肌になってしまう。

血糖値を急激に上げない食べ方

食物繊維の多いものから食べる

食物繊維を多く含む野菜や汁物から先に食べ、次に主食の肉や魚、最後に炭水化物（糖質）のごはんやパンを食べます。この食べ方にすると、糖の吸収が穏やかになり、急激な血糖値の上昇を防ぐことができます。

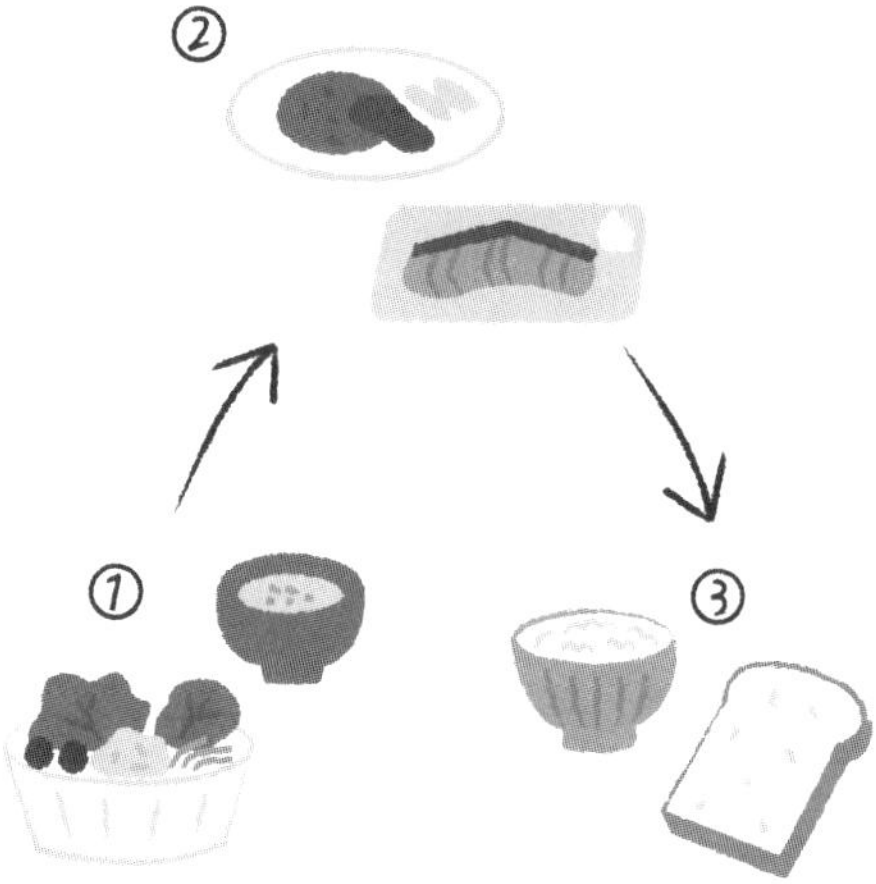

1日3食が基本

食事を抜くことで、次にとる食事のあとの血糖値が急激に上がることがわかっています。欠食はしないこと。

血糖値を上げにくい食品をとる

砂糖を多く使った食品は避け、未精製の穀類、食物繊維が多い野菜など、血糖値を上げにくい食品を選択。

だらだら食べはしない

長い時間、だらだらと食べるのは避けます。血糖値が高い状態のままになることで糖化のリスクもアップ。

ゆっくり噛んで食べる

早食いで血糖値は急激に上昇。ゆっくり噛んで時間をかけて食べることで血糖値の上昇は緩やかになります。

余分な脂肪が肌ダメージに まずはBMIを知ることから

自分の肥満度をチェック

肥満とは体脂肪が過剰にたまった状態です。肥満は万病のもとといわれます。がんやさまざまな生活習慣病につながるからです。内臓についた過剰な脂肪は体に悪さをする物質を作り出し、病気のリスクを高めることがわかっています。こうした体では肌も健康な状態であるとはいえません。肥満予防は肌の健康維持にもつながります。

そこでまず取り組みたいのは、自分のBMI(Body Mass Index)を知ること。これは肥満度の目安で、身長と体重から求められます。左ページを参考にして、自分のBMIを出し、今の自分の状態を知り、肥満予防の取り組みに役立てましょう。

太りすぎややせすぎは病気リスクが高まります。普段から自分のBMIを把握するのは、健康を維持するためにも大切です。

BMIの求め方

BMI ＝ 自分の体重 ［　　］ Kg ÷（身長 ［　　］ m × 身長 ［　　］ m）

BMI 値による肥満判定

18.5未満 → やせ型
18.5～25未満 → 標準
25～30未満 → 肥満
30以上 → 重度の肥満

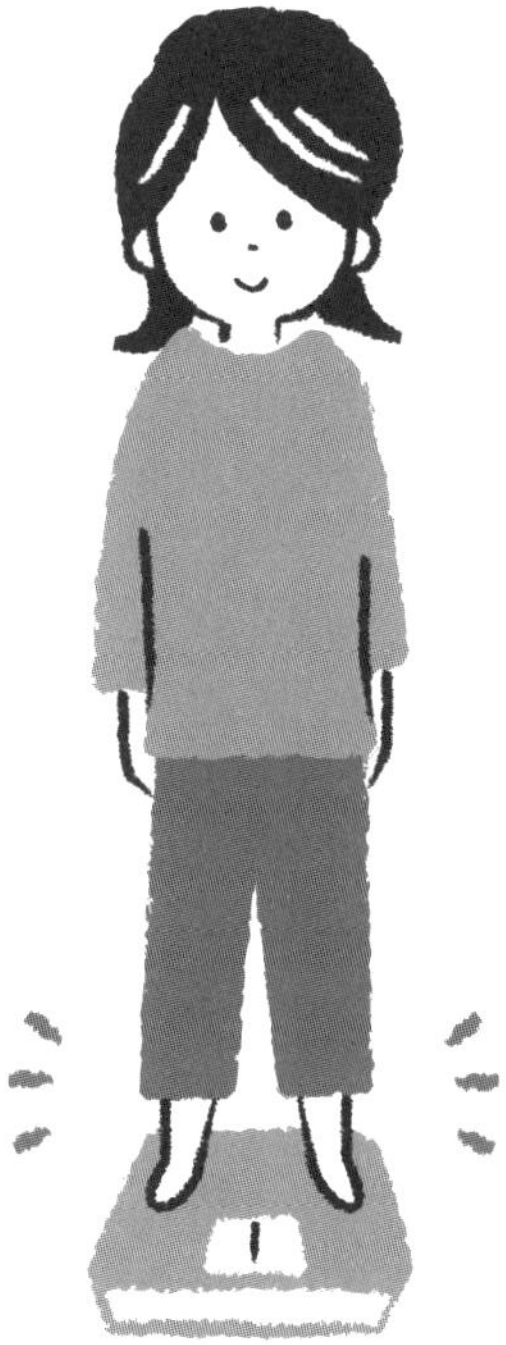

隠れ肥満に気を付けて

BMIが標準かやせ型でも安心するのは禁物です。体脂肪が多い隠れ肥満の可能性も。これは筋肉量が少ないということ。脂肪は減らして、筋肉はしっかり維持することが肝心。肥満予防では、こうした体を構成する中身にも目を向けることが肝心です。

自律神経の乱れは肌にマイナス 心のリラックスで肌を整える

副交感神経の活性化で元気肌に

肌は心の状態を映す鏡です。精神的なストレスで肌が荒れて……そんな経験を持つ人は少なくないはずです。過度なストレスは自律神経の働きを乱します。こうなると神経細胞のひとつである色素細胞も悪影響を受けて、正常に働くことができなくなります。これにより肌のバリア機能も乱れ、肌の状態は悪化の一途をたどることに。

ストレスから肌を守るためには、自律神経の働きを整えることから。自律神経は交感神経と副交感神経からなり、この2つの神経がバランスよく働くことが肝心です。強いストレスがかかると、交感神経が優位に働き体は緊張状態に。これを副交感神経が活性化しているリラックス状態にすることが肝心。左ページで紹介したリラックス方法で肌のリカバリーに取り組んでみて。

上手に取り入れたいリラックス法

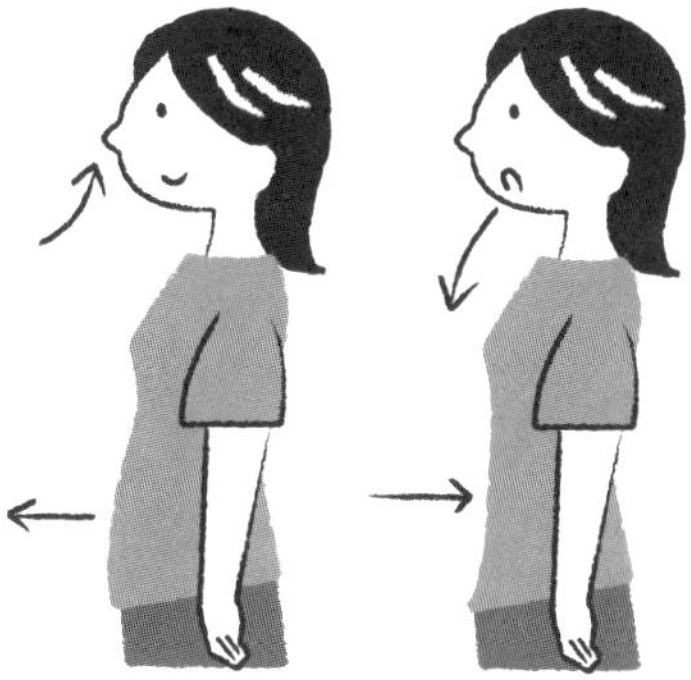

腹式呼吸

腹式呼吸は、副交感神経の働きをオンにしてくれます。息を吸うより、ゆっくり吐くことを意識して。

森林浴

木の香り成分にはリラックス効果があります。山登りやハイキングのほか、近くの公園や林を散歩しても。

ヨガ

ヨガには自律神経の働きを整える効果が期待できます。内臓機能の調整や睡眠の質の向上にも貢献。

北條 元治　ほうじょう　もとはる

医学博士。株式会社セルバンク代表取締役。RDクリニック医師。東海大学医学部非常勤講師。弘前大学医学部卒業。信州大学附属病院勤務を経てペンシルベニア大学医学部で培養皮膚を研究。帰国後、東海大学にて同研究と熱傷治療に従事。2004 年、細胞保管や再生医療技術支援を行う株式会社セルバンクを設立。著書は『ビックリするほどiPS細胞がわかる本』(台湾版、韓国版も)『美肌のために必要なこと』他多数。

化粧品《けしょうひん》を使《つか》わない!
水《みず》とワセリンで美肌《びはだ》になる

発行日　　2020 年 3 月 5 日　第 1 刷発行

著　者　北條 元治《ほうじょう もとはる》
発行者　清田名人
発行所　株式会社内外出版社
〒 110-8578
東京都台東区東上野 2-1-11
電話 03-5830-0368（企画販売局）
電話 03-5830-0237（編集部）
https://www.naigai-p.co.jp/

ブックデザイン・DTP
MIU

イラスト・図版
石山綾子

編集協力
和田方子
山岸潮（有限堂制作所）

校正
小川かつ子

印刷・製本　中央精版印刷株式会社

ISBN978-4-86257-495-4 C0077